꽃을 품다

꽃과 함께하는 영혼의 쉼터

꽃을 품다

한복용 꽃 에세이

인간과문학사

책을 펴내며
꽃을 품다

 나무일을 했던 아버지 덕분에 꽃의 이름을 알게 되었고 어머니를 통해 꽃을 품는 법을 배웠다. 30대 중반을 넘어, 운명같이 나는 플로리스트가 되었다. 『여행작가』에 연재하는 동안 꽃의 사계四季를 쓰면서 꽃과 자연과 인간은 하나라는 것을 알았다.
 이 글은 격월간 『여행작가』에 4년 동안 연재한 것들을 모은 것이다. 화원 일을 하면서 꽃과 나눈 이야기들이다. 쓰다 보니 내가 사는 이야기였다. 꽃들은 나의 아픔을 어루만지기도 하고 웃음을 주기도 하였다. 나에게 꽃은 그런 존재였다. 내 글로 피어올린 꽃이 이 글을 읽는 분들께 향기로 전해지길 바란다.
 마감일에 쫓겨 종종대면서도 마냥 즐거웠던 것은 좀 더 그들 가까이에 머물 수 있다는 점 때문이었다. 미처 알지 못했거나 미심쩍은 정보는 식물도감과 인터넷 사이트에서 도움받았음을 밝힌다.

  예쁜 그림을 그려준 정은숙 작가가 있어서 '꽃 에세이'가 생기를 얻었다. 우리는 꽃과 글이 조금씩 상대의 부족한 점을 채워주고 있다며 서로를 다독였다.

  자신이 가지고 있는 것들로 누군가의 틈을 채워줄 수 있다는 것은 참으로 고마운 일이다. 앞으로도 나는 그런 사람이고 싶다. 꽃들과 나누는 말들이 세상 밖으로 밝게 퍼져나가길 바란다.

  서툰 시기부터 믿고 원고를 실어준『여행작가』에게 감사드린다.

2019년 봄
한복용

Part I   솟아나다_봄

천리향처럼 사는 법 • 11 | 목련의 꽃그늘 한 뼘 • 16

매화, 세상을 바꾸다 • 21 | 그대에게 바치다 • 26

나르시스의 미소 • 31 | 민들레 그녀 • 36

개나리 • 41 | 산수유 꽃 필 때면 • 46

프리지어가 있는 풍경 • 51 | 아마릴리스의 사랑 • 56

튤립, 완벽한 행복을 꿈꾸다 • 61

Part II   피어나다_여름

찔레꽃 필 무렵 • 69 | 개망초 꽃 • 74

당신은 수국 꽃을 좋아하나요? • 79 | 뚱딴지 꽃 핀 날 • 84

사랑나무 자귀 • 89 | 오죽헌의 맨드라미 • 94

백일 간의 여름사랑, 배롱나무 • 99 | 감자꽃 • 103

그 남자의 넋, 나팔꽃 • 108 | 카네이션 • 113

형주 씨의 정원 • 119 | 변함없는 마음, 백일홍 • 125

Part III 모으다_가을

지금은 칸나의 계절 · 133 | 은행나무의 가을 · 138

코스모스와의 작별 · 143

꽃무릇, 만날 수 없지만 늘 함께하는 · 148

향기가 있는 언덕, '허브힐' · 152 | 화방사우花房四友 · 159

화분 · 164 | 해피트리 · 168

Part IV 준비하다_겨울

12월의 꽃, 포인세티아 · 179 | 동백꽃이 피었다 · 184

꽃을 자르다 · 190 | 멋진 놈, 굿바이 · 195

제라늄 · 201 | 행복한 사람들 · 207

향기 없는 질투 · 211

솟아나다_**봄**

Part I

천리향처럼
사는 법

자연은 자연 그대로일 때 더욱 빛난다. 다듬는 것은 사람이고, 사람이 하는 행위일 뿐, 그외 다른 것들은 저절로 자라고 그리 살아간다. 천리향이 알아서 꽃피고 향기가 나에게로 온 것처럼.

어디서부터 오는 향기인가. 코끝으로 스미는 은은한 향기에 주변을 돌아본다. 동백나무 사이에 있는 하얀색 화분에 심어진 천리향이다. 벌써 꽃 필 때가 되었나? 물을 주면서도 꽃문이 열린 것을 보지 못했는데, 무심했나 보다. 청소를 하거나 새로운 물건을 진열하면서도 천리향은 내 눈 멀리에 있었다. 그저 그 자리에 오랫동안 놓여 있던 화초였다. 천리향은 꽃잎 한두 개 벌림으로써 자신의 존재를 알리고 화원을 향기로 채우는 중이다.

내 향기가 누군가에게 가 닿았으면 하는 바람을 가진 적이 있었다. 내가 쓴 글로 인한 발향發香을 말함이었는데, 향이 퍼지기는커녕 꽃눈조차 돋을 기미가 보이지 않았다. 연륜부족에서 오는 얕은 사고와 덜된 공부가 문향文香을 어지럽혔는지도 모른다. 하지만 내가 쓴 수필이 향기를 뿜으며 누군가의 가슴에 앉아 줄 날을 여전히 기다린다.

사람에게는 저마다의 향기가 있다. 내가 아는 몇몇 사람만 보아도 그 사람만의 향기를 분명히 느낀다. 그중 천리향 같은 사람이 있다. 요란하게 다가오지 않으며 자신을 과시하지도 않는다. 어느 날 향기가 나는 쪽을 보면 꼭 그가 있었다. 묵묵히 자신의 일을 성실히 해 내는 사람, 누군가의 도움을 받으려하기보다는 자신이 먼저 마음을 내주는 사람이었다. 나는 그 사람을 보면서 나를 다듬곤 하였다.

 그의 사무실에 작은 화분 서너 개를 배달시킨 적이 있다. 3년 전 처음 방문했을 때 화분 몇 개만 있어도 사무실 분위가 달라질 거라는 생각을 하고나서였다. 컴퓨터 세 대와 프린터기, 테이블과 정수기, 그 외 나머지 공간은 책으로 가득했다. 그는 선물로 받은 화분을 정성껏 가꿨다. '전화위복轉禍爲福'이란 꽃말을 가진 '남천'을 좋아한다기에 제법 근사한 화분을 보내기도 했다. 그는 꽃 진 자리에 열매가 붉어지면 남천의 근황을 전해주었다.

 언젠가 꽃시장에 갔을 때, 천리향 화분 하나 눈에 들어 그에게 보내주었다. 그는 남천만큼이나 천리향을 좋아했다. 정성껏 가꾸어 해마다 좋은 꽃을 보여주겠다며 각오를 전했다.

 명색이 꽃집 주인인 나도 그처럼 식물에 공을 들이지 않는 편이다. 관리 보다는 판매가 목적이기 때문일 것이다. 떡잎이 생기면 제거해 주고 가지가 웃자라면 모양을 봐가며 잘라준다. 잎이 시들하면 뒤늦은 물을 주고 되도록 손이 덜 가게 봄부터 가을까지는 마당 진열대에 내놓는다. 바람을 맞고 비를 받으며 햇살의 따스함도 저절로 느낄 수 있도록. 그렇지만 실상 나의 나태함을 빙자한 관리법이었다.

자연은 자연 그대로일 때 더욱 빛난다. 다듬는 것은 사람이고, 사람이 하는 행위일 뿐, 그외 다른 것들은 저절로 자라고 그리 살아간다. 천리향이 알아서 꽃피고 향기가 나에게로 온 것처럼.

손님들이 식물을 어떻게 관리해야 좋을지를 물으면 난감하다. 내가 기르는 식으로 설명하면 그들은 나를 무시할 게 뻔하다. 원예공부를 했다는 사람의 입에서 나올 말이 아니기 때문이다. 이론에 충실한 설명은 식물이 놓인 장소나 지역에 따라 달라지게 마련이니 이도 마땅치 않다. 적당히 섞어 설명해야 하는데 말주변이 없어 그도 쉽지 않다.

천리향을 잘 키워보겠다던 그는 그 이후로는 꽃을 볼 수 없다고 한다. 해마다 겨울의 끝자락이면 천리향 사진을 찍어 그의 휴대폰으로 보내곤 한다. 그는 감탄이 섞인 답문을 보내온다. 자신의 천리향은 그때 그 모양으로 꼼짝을 하지 않는다며 비결을 묻는다.

나의 것도 같은 해에 구입했다. 화분이 비좁은 듯하여 꽃이 진 후 큰 화분에 옮겨 심었다. 모양을 내느라 두세 가지 소품을 함께 심은 그의 화분에 비해 멋은 덜하지만 내 것은 넉넉한 화분에 담겨 있다. 홀가분해 보인다. 넓은 곳에 혼자 자라 튼실한 것인지 기세가 등등하다. 잡초가 자라면 뽑아주고 흙이 모자라면 한 삽쯤 채워준다. 어쩌다 거름을 얹어 주기도 하고 영양제를 꽂아준다.

식물도 손이 자주 가면 오히려 탈이 날 때가 있다. 알맞은 자리에 놓아주고 스스로 자랄 수 있도록 최소한의 관심만 보여준다. 사람도 식물도 별반 다르지 않기 때문이다. 가만히 있어도 자신의 향기를 내뿜는 천리향처럼 제 자리에서 묵묵히 최선을 다하며 살아가는 일이야말로 천리향처럼 사는 법이 아닐까.

어떤 스님의 꿈에 그윽한 향기로 다가온 천리향. 그 향기에 끌리는 바가 매우 커서 '상서로운 향기'라는 뜻의 서향瑞香이라고 이름 붙여진 꽃. 다음 장날에 몇 분盆을 더 들여 놓아야겠다. 무엇을 해도 신나지 않는 요즘, 어떤 이에게는 천리향 한 그루가 희망이 될 수도 있을 테니까.

목련의 꽃그늘 한 뼘

어쩌면 목련이 사는 방식은 허튼 미련을 버리는 데 있는 것인지도 모르겠다. 속절없는 기다림 따위는 애당초 존재하지 않았다는 듯 목련은 사나흘 몸을 불사르고 그렇게 떨어질 줄 아는 꽃이다.

저녁 산책길이었다. 무심히 고개를 돌렸을 때 목련나무 한 그루가 눈에 들어왔다. 우리 집에서 불과 백 미터도 떨어지지 않은 곳에 집채보다 큰 목련나무가 있었는데 그동안 모르고 지나쳤던 것이다. 이 길을 산책길로 삼은 지는 얼마 되지 않았다. 내가 목련나무를 그냥 지나쳤더라면 그것은 꽃이 피기 전 잎만 무성한 나무 중 하나에 불과했을 것이다. 봄을 맞아 유백색 흰 꽃들이 봉긋봉긋 솟으니 가로등이라도 켠 듯 주변이 환해졌다. 촛대 같은 꽃봉오리를 올리고 있는 목련나무 아래에 한참을 기도하듯 서 있었다.

봄날, 마을에 큰 목련나무 한 그루만 있어도 가로등이 필요 없을 정도로 환했다던 누군가의 말이 떠올랐다. 목련이 뿜어내는 빛이야말로 달빛 그 이상이라는 것이다.

우리 마을은 목련의 개화를 시작으로 꽃들이 연이어 피어난다. 꽃들에게도 피어나는 순서가 있다. 겨울의 찬바람이 따스한 훈풍으로 바뀌면 노란 영춘화가 먼저 핀다. 그 뒤 생강나무 꽃이 핀 후 산수유가 뒤따른다. 시샘하듯 개나리가 병아리 주둥이 같은 꽃송이를 내민다.

그러나 목련은 소리 없이 자신의 순서를 기다리다가 개나리가 필 무렵에야 봉우리를 천천히 연다. 목련이 피어나면 동네에 상서로운 기운이 감돌고 겨우내 방 안에 갇혀 있던 아이들은 우르르 밖으로 뛰쳐나온다.

목련꽃은 마치 인생을 알아버린 원숙한 여인네와도 같다. 비슷한 시기에 피어나는 봄꽃이라 하더라도 산수유나 벚꽃, 개나리나 진달래와는 사뭇 다른 느낌이다. 목련의 품위는 단아한 꽃송이와 그 빛깔에 있다 할 것이다. 삼분의 이쯤 핀 크림색 목련을 보노라면 그 자태에 놀라고 향기에 다시 끌리게 된다.

한국과 일본 등지에 분포하는 목련은 낙엽활엽교목으로, 제주도와 추자군도에 자생하며 관상용으로 심는다. 키는 10m 정도이며, 수피는 회백색으로 매끄러운 편이고 껍질눈을 갖고 있다. 중국에서는 백목련을 목란木蘭이라고도 부른다. 백목련의 향이 난초와 같다 하여 붙은 이름이다. 또한 목련은 '나무의 연'이라는 뜻을 가졌다. 나무의 꽃 모양이 연꽃을 닮아서라고 하는데 차茶를 마시기 위해 물에 우려 놓은 목련꽃송이를 보면 연꽃차가 연상되기 때문일 것이다.

봄꽃 대부분이 그렇듯 목련도 잎보다 꽃이 먼저 핀다. 가지와 잎이 많으며 잎 표면에 광택이 나고 세 개의 꽃받침이 여섯 장의 꽃잎을 감싼다. 꽃이 지고 난 후 다섯 달쯤 지나 옥수수 모양의 열매 속에 주홍색 씨앗을 품는다. 방향성芳香性 식물로 나무껍질에서 방향제의 원료를 뽑기도 하며 봉오리를 따서 수술을 제거한 후 말려 차로도 즐겨 마신다.

 목련은 꽃잎을 손으로 잡기만 해도 그 빛깔이 변할 만큼 성질이 약하다. 매서운 겨울 추위를 이겨낸 봄꽃치고는 턱없이 예민하다. 며칠 동안 한껏 아름답게 피었다가 여린 바람에도 속절없이 떨어지고 마니, 허망하기 짝이 없다. 낙화가 추하기로 목련만 한 것이 또 있을까. 나무에 매달려 피어 있는 며칠을 제외하면 지는 모습도, 떨어진 꽃잎색도 흉하기만 하다. 길고긴 겨울을 외투 하나로 견뎌낸 목련의 인내가 안타까울 뿐이다. 그리하여 베르테르의 슬픔도, 북쪽바다의 사납고 무서운 신神을 사모하다 그에게 아내가 있음을 알고 바다에 몸을 던진 공주의 이야기도 목련꽃 한 장 낙화처럼 애달프게 느껴지는가 보다.

 어쩌면 목련이 사는 방식은 허튼 미련을 버리는 데 있는 것인지도 모르겠다. 속절없는 기다림 따위는 애당초 존재하지 않았다는 듯 목련은 사나흘 몸을 불사르고 그렇게 떨어질 줄 아는 꽃이다.

목련이 떠난 자리마다 짧게 보낸 봄날의 흔적이 깊이 담겨 있다. 최선을 다해 살았다면 언제, 어디로 사라진다 해도 그 소멸이 덧없지만은 않을 것 같다.

목련은 꽃들을 모두 떨어뜨린 후에야, 무성한 갈색 꽃그늘 한 뼘을 허락하는 것이다.

매화,
세상을 바꾸다

벌써부터 매화 향이 코끝을 간질인다.
깊어지는 어둠을 따라 길을 달렸다.

J로부터 전남 광양의 매화마을에 매화 보러가자는 전화를 받았다. 해마다 텔레비전 화면을 통해 그곳을 즐기곤 했었다. 말로만 듣던 그 매화마을, 처음 가보는 꽃축제장이라 마음이 먼저 설렜다. 카메라와 간단한 여행가방을 챙겨 자동차에 시동을 걸었다. 서울에서 광양까지는 대략 다섯 시간. 만만치 않은 거리였지만 벌써부터 매화 향이 코끝을 간질였다. 깊어지는 어둠을 따라 길을 달렸다.

아침 식사를 서둘러 마치고 숙소를 나섰다. 그리 늦은 시간이 아니었는데도 매화농장 진입로는 주차장을 방불케 했다. 멀찍이 보이는 넓은 주차장은 일찌감치 부지런한 상춘객들의 차로 가득했고 산책로 갓길에 임시 주차할 수 있는 자리가 겨우 허락되었을 뿐이었다. 멀리 구름떼처럼 펼쳐진 매화꽃무리. 자동차가 느리게 움직여도 지루하거나 조급하지 않았다. 오히려 산꼭대기에서 아랫마을을 내려다보는 여유와 즐거움이 여행의 진가가 아닌가 싶었다. 하얀 꽃물결은 마치 짧은 붓 터치로 점을 찍듯 한 클림트의 작품을 보는 듯 했다. 그의 붓놀림이 만들어 놓은 아름다운 꽃무리, 이전에도 이후에도 없을 그 특별한 선물을 받은 느낌이었다.

사방이 매화 밭이니 목적지를 어디에 둘까 고민하는 것은 무의

미했다. 발 길 닿는 곳이 갈 곳이었다. 어디서들 왔는지, 인파가 줄을 이었다. 바람이 불 때마다 매화향이 몰려왔다. 꿀을 따는 벌처럼 나는 매화 향을 따라 코를 벌름거렸다.

매화는 장미과의 나무로 꽃, 열매 두루 사랑 받는 나무 중 하나이다. 다른 나무보다 꽃을 일찍 피운다하여 꽃 중 우두머리로 불리는 매화는 피는 시기에 따라 조매早梅, 동매冬梅, 설중매雪中梅로 나뉘며, 색에 따라서는 백매白梅, 홍매紅梅로 불린다.

우리 옛 선비들은 추위에도 아랑곳 않고 꽃을 피운다 하여 매화를 소나무, 대나무와 더불어 세한삼우歲寒三友라 부르며 아꼈다. 일본사람들의 매화 사랑도 빼놓을 수 없다. 일본적인 특징을 잘 드러낸 매화그림은 에도시대 오카타 고린의 '홍백매도 병풍 紅白梅圖 屛風'이다. 에도 백경江戶百景 중 하나인 '가메이도 매화정원(龜戶梅屋敷) 그림은 같은 시대의 우타가와 히로 시게의 작품이다. 용이 누워있는 것과 같은 이 작품은 빈센트 반 고흐Vincent van gogh가 유화로 모사하면서 더욱 유명해지기도 했다.

신맛이 강한 열매, 매실은 여름철에는 차갑게 겨울에는 뜨겁게 하여 차로 마신다. 소화력이 떨어지는 이들이 애용하는 음료이다. 술을 담그기도 하고 약재로도 쓰이며 장아찌로도 그만이다.

중국 삼국시대 위나라의 조조는 매실의 신맛을 이용해 위기를 모면하였다. 조조가 대군을 거느리고 출병했을 때였다. 길을 잃어 헤매다보니 병사들은 몹시 피곤해 했고 갈증을 호소하기에 이르렀다. 하지만 주변에는 물 한 방울도 구경할 수가 없었다. 조조는 군사들에게 산을 넘으면 매실나무가 있으니 거기 가서 매실을 실컷 따 먹자고 했다. 매실이라는 말을 듣기가 무섭게 병사들의 입안에는 침이 고였고 갈증이 해소되었다는 이야기이다.

섬진강이 바람의 숨결을 따라 물결을 이루며 흐르고 있다. 강 이쪽과 저쪽은 매화꽃이 있고 없고로 경계 지어졌다. 어느 결에 우리는 홍쌍리 매실 농원 마당에 들어섰다. 매실 명인으로 널리 알려진 홍쌍리 여사는 이곳 농장의 2대 매실지기이다. '매실에 대한 집념과 열정으로 달려온 80년 전통'은 농장의 규모에 앞서 마당 가득한 매실항아리가 대신해주고 있었다. 1대 매실지기는 홍쌍리 여사의 시아버지로 그는 고된 광부생활로 모은 돈으로 매실나무와 밤나무 등 묘목을 사다 나무심기에 일생을 바쳤다. 홍쌍리 여사는 남다른 관찰력으로 매실의 가치를 확신했고 수년간 끊임없이 매화나무에 투자하여 오늘의 농장을 만들었다. 그의 장남이 3대 매실지기이다. 그는 현대에 맞는 기술력으로 매실의 가공과 제품화 및 판매에 노력을 기울이고 있다.

단지 음료나 술, 약용으로만 쓰였던 매실이 농민들의 노력으로 개발, 상품화되면서 광양은 명실상부한 매화의 고장이 되었다. 매실이 세상을 바꿔놓은 것이다.

담장 안 매실 항아리를 카메라에 담고 있는데 가는 봄비가 내렸다. 바람에 매화 꽃잎이 날리었다. 돌확 물 위에 떨어진 홍매화 꽃잎이 바람결에 파르르 떨었다. 지기 아쉬웠던 것일까. 하지만 꽃이 지는 건 다시 피기 위함이다.

사람들이 비를 맞으며 떨어지는 꽃잎 사이로 구름처럼 걸어간다.

그대에게
바치다

도감에는 그의 꽃말이 '그대에게 바친다'라고 되어 있다. 이런 호사가 또 어디 있겠는가. 나를 위해 자신을 바친다 하지 않는가. 보잘것없는 나를 위해 온몸을 바친 황새냉이에 경의를 표하는 바이다. 서툰 솜씨로 어설프게 캐느라고 뿌리가 끊긴 이들에게는 심심한 조의를 표한다.

호미를 들고 밭으로 나가 두어 시간 캔 냉이는 소쿠리의 바닥에 겨우 깔릴 정도였다. 폼 재고 나가 바람만 맞은 셈이다. 내가 캔 것은 잎이 냉이와 비슷할 뿐 실상 무슨 나물인지 의심이 가는 풀이었다.

한 잎 따서 향을 맡아보았다. 별다른 향이 나지 않았다. 손가락으로 잎을 비벼 코밑에 갖다 댔다. 냄새가 나는 듯 마는 듯했다. 뿌리의 겉껍질을 손톱으로 벗겨 맡아봐도 마찬가지였다. 돌아오는 길에 언니에게 들러 물어보았다. 언니는 모양만 보고서 대뜸 '황새냉이'라고 했다. 봄의 영양덩어리인데 이런 걸 어찌 알고 캐왔냐며 어린아이에게 하듯 내 머리를 쓰다듬었다. 내일모레면 나도 쉰 살인데, 오늘 따라 언니의 행동이 마뜩찮았다. 나는 언니의 손을 뿌리치며 말했다.

"이거 정말 냉이 맞어? 냉이가 뭐 이래. 잎은 짧고 뿌리만 굵고 길잖어."

웃음을 멈춘 언니가 말했다.

"얘, 황새냉이는 이렇게 생겼어. 우리가 알고 있는 냉이보다 잎 길이가 짧고 색깔도 갈색에 가까워. 근데 맛은 정말 끝내준다, 너?"

이쯤 되면 놀리는 것이 아니었다. 나는 성급히 냉이를 언니 앞에 모두 쏟았다. 그동안 나지 않던 향이 옅게 풍겨왔다. 모양을 자세히 보니 재미있다. 잎은 5백 원짜리 동전 크기만 한데 뿌리는 무려 2,30센티는 족히 돼 보였다. 몇몇 굵기가 굵은 것은 웬만한 도라지 2,3년생에 가까웠다.

"한 끼 반찬은 되겠는 걸? 나물 좋아하는 건 여전하네."

언니는 내가 봄마다 산과 들로 나물 캐러 다니는 걸 신기해 했다. 내가 따다준 두릅으로 언니가 호사하는 날도 많았다.

나는 어려서부터 나물 캐는 걸 좋아했다. 어머니는 쑥을 뜯으면 쑥떡을 해주었고 달래를 캐면 그것으로 무침이나 양념장을 만들어 상에 올렸다. 고들빼기나 씀바귀는 김치를 만들어 먹기도 했지만 어린 내가 캔 나물이라야 데쳐놓으면 겨우 한 주먹 정도였으니 고작 한 끼 반찬이나 될까 말까였다.

집으로 돌아와 흐르는 물에 냉이를 씻었다. 다른 나물과 달리 냉이는 구석구석 잘 씻어내야 한다. 수돗물에 붉은 흙이 씻겨나가니 곧 뽀얀 속살이 드러난다. 보드라운 살결을 조심스레 문지르며 가스레인지에 올려놓은 물이 끓기를 기다린다. 끓는 물에 길쭉하게 잘 뻗은 냉이 뿌리를 한 움큼 집어 통째로 넣는다. 뻣뻣한 기운이 솥 밖으로 뻗는다. 나무젓가락으로 여며 넣는다. 맑았던 물이 냉이가 익어감에 따라 검게 변한다. 드디어 제대로 된 냉이 향이 난다. 이제야 냉이는 몸을 떨며 향기를 뿜어낸다. 한번 뒤집어 놓고 잠시 기다렸다가 미리 준비한 찬물에 담근다.

소쿠리에 받쳐 물을 빼고 양념장을 만들었다. 나물은 주로 된장으로 무치지만 오늘은 고추장을 꺼냈다. 빨간 고추장에 냉이의 새뽀얀살을 버무리고 싶었다. 들기름과 깨소금, 고추장이 양념의 전부였다. 양념장을 만든 후 물기를 짜낸 냉이를 볼에 넣고 함께 버무렸다. 들기름을 조금 넣은 것은 잘한 일이었다.

희고 둥근 접시에 황새냉이무침을 담는다. 식탁에 올라온 냉이무침이 화사하다. 고추장을 넣어 붉은 기가 감도는 그것은 다른 반찬이 필요치 않다. 미리 쌀밥을 해뒀다. 잡곡밥보다는 쌀밥이 더 봄나물과 어울릴 성싶어서이다. 마음이 설렌다. 이 훌륭한 식사를 나 혼자 해야 한다는 것이 아쉽다. 친구라도 한 명 부를 걸 그랬나. 마주앉아 봄나물에 대한 이야기도 나누며 다음에는 냉이가 많다는 흥덕사 부근으로 함께 캐러 가자하고, 곧 두릅이 나오니까 두릅도 따서 나눠 먹자는 약속도 하고 싶은데 이젠 그럴 만한 친구도 없다. 혼자 살기에 익숙해져버린 탓인가.

밥 한 술을 뜬다. 밥알이 입안에서 녹는다. 나무젓가락으로 나물을 집어 든다. 향이 코끝으로 전해진다. 밥상에 앉아 이렇게 기분 좋아보기도 드문 일이다. 다시 한 입 가득 봄을 머금는다. 들기름 향이 냉이의 향을 돋우며 간간이 매콤한 고추장의 맛을 다독여준다. 씹을 때마다 톡톡 터지는 깨소금이야말로 봄나물을 씹는데 심심치 않은 조연 역할을 한다. 왜 언니가 황새냉이를 두고 봄의 영양덩어리라고 했는지 알 것 같다. 냉이의 효능이야 어찌 되었든 벌써부터 기운이 솟는 기분이다. 실제로 황새냉이는 인삼이나 산삼의 효능에 버금간다고 하니 오늘 나는 산삼나물 한 접시를 혼자서 먹은 셈이다.

  도감을 찾아보았다. 뿌리부터 잎, 줄기와 꽃까지 부분별로 찍어 놓은 사진이 반갑다. 뭔지도 모르고 냉이를 닮았다는 이유만으로 무턱대고 캐온 황새냉이, 그 새로운 존재에 놀라고 그 맛에 다시 한번 놀란다. 도감에는 그의 꽃말이 '그대에게 바친다'라고 되어 있다. 이런 호사가 또 어디 있겠는가. 나를 위해 자신을 바친다 하지 않는가. 모자란 나를 위해 온몸을 바친 황새냉이에 경의를 표하는 바이다. 서툰 솜씨로 어설프게 캐느라 뿌리가 끊긴 이들에게는 심심한 조의를 표한다.

나르시스의 미소

나를 사랑한다는 것은 남을 사랑할 줄도 안다는 의미이기도 하다. 나를 사랑하지 않는 이가 남을 아끼는 경우는 흔치 않기 때문이다. 그렇기에 수선화의 꽃말은 '모든 이의 사랑', 나아가 '모든 이의 평화'일 수도 있겠다.

바람이 분다. 바람결에 꽃잎이 흔들린다. 눈발을 맞으며 성장해 눈 속에서 꽃을 피우는 수선화, 산책을 하던 중 어느 집 화단 앞에 서서 그 꽃을 바라본다. 다른 식물보다 많은 물을 필요로 하기에 개울가에서 쉽게 마주친다고 하지만 수선화는 물가에서만 자라는 식물은 아니다.

해가 바뀔 때마다 기다려지는 꽃이 있다. 그 중 빠지지 않는 꽃이 수선화이다. 이른 새벽 꽃시장에 가면 주위를 둘러보고 수선화 화분이 눈에 띄면 망설임 없이 한 판을 골라 차에 싣는다. 팔리면 손님 것이고 팔리지 않으면 몽땅 내 것이 된다. 보고 즐기다가 꽃이 지면 화단에 옮겨 심는다. 성질이 까다롭지 않은 수선화는 어느 정도 수분만 있으면 아무 곳에서나 잘 자라서 재고가 남아도 계속 볼 수 있으니 아깝지가 않았다. 이문을 남겨야겠다는 생각은 아예 뒤로 밀어둔다. 꽃이 환하게 웃는 날은 갑자기 부자가 된 듯 가슴이 부풀어 올랐다.

하늘에 사는 신선을 천선天仙이라 하고 땅에 사는 신선을 지선地仙이라 부른다. 그렇다면 수선水仙화를 물에 사는 신선이라 불러도 되지 않을까.

꽃이 피기 전의 수선화는 얼핏 보면 난초 잎을 닮았다. 날렵한 잎은 뿌리줄기에서 모여 나는데, 촘촘하고 가지런하여 볼수록 싱그럽다. 촛대처럼 곧게 뻗어 올라온 꽃대 끝에 꽃송이가 맺혔다가 서두르지 않고 피어난다. 모든 꽃들이 그러하듯 무리지어 피어난 꽃은 보는 이를 환호하게 한다.

알뿌리 식물인 수선화는 여러해살이풀로 꽃말은 '자존'이다. 그 외 자아도취, 가르침, 자애로도 알려져 있다. 나는 수선화의 꽃말 중 '자애'를 좋아한다. 나르시스를 굳이 떠올리지 않더라도 그저 '자기를 사랑한다'는 말에 마음이 간다. 나를 사랑한다는 것은 남을 사랑할 줄도 안다는 의미이기도 하다. 나를 사랑하지 않는 이가 남을 아끼는 경우는 그리 흔치 않다. 그렇기에 수선화의 꽃말은 '모든 이의 사랑', 나아가 '모든 이의 평화'일 수도 있겠다.

원래 수선화는 중국에서 들여왔다는 설이 있다. 일부 학자들은 오래 전부터 제주도 전역에서 자랐다는 문헌을 증거로 우리나라에서도 수선화가 자생했다고 주장한다. 수선화는 농지의 쑥처럼 애물단지였다. 무엇이든 있어야 할 자리에 있어야 제대로 대접을 받는 것 같다. 농번기가 오면 농부들은 수선화를 캐내느라 일손이 딸렸다. 농지를 침범한 꽃은 더 이상 꽃이 아니고 그저 잡초일 뿐이다.

수선화는 대개 꽃잎 안쪽이 노란 색이며 꽃은 가로로 향해 핀다. 꽃 색깔은 흰 색이거나 노랑, 다홍과 담홍색이다. 나팔이나 컵 모양의 수선화 꽃이 피면 그 아름다움과 그윽한 향기가 일품이어서 예로부터 선비들은 눈밭 속에서 피어나는 수선화를 보고 글을 지으며 묵향에 젖었다. 또 이슬람교도들은 '수선화'를 중요한 존재로 여겼다.

무함마드의 가르침 중에 수선화가 자주 등장하는데, 그 중에 "두 개의 빵이 있는 자는 그 한 조각을 수선화와 맞바꿔라. 빵은 몸에 필요하나, 수선화는 마음에 필요하다"고 가르쳤다. 고대 그리스에서는 사원 장식과 장례용으로 이 꽃을 사용했다. 꽃의 크기가 작게는 1.5센티미터부터 크게는 12센티미터에 이르렀다. 1월에서 4월까지 꽃이 피고 5월에는 결실을 보았으며 관상용과 약용으로 쓰였다. 신부용 부케로도 널리 애용되는 꽃이다.

수선화의 전설은 이렇다. '에코'의 사랑에 응하지 않은 미소년 나르시스가 그 벌로 호수에 비친 제 모습에 반하여 넋을 잃고 바라보다가 결국 호수에 빠져 죽는다. 그 호숫가에 수선화 하나가 피었다. 또 다른 이야기는, 나르시스에게 쌍둥이누이동생이 있었다. 동생이 병으로 갑자기 세상을 떠나게 되자 죽은 누이동생을 그리워하며 정처 없이 돌아다니던 나르시스가 어느 연못가에서 뜻밖의 여동생을 만나게 된다. 너무나 반가워 물

속에 손을 집어넣었으나 순식간에 동생이 사라졌다. 그가 물속에서 손을 빼면 동생의 얼굴이 나타나고, 손을 담그면 또 사라지고……. 기실 물속에 비친 동생은 나르시스 자신이었다. 그런 그를 가엾게 여긴 신은 나르시스가 언제까지나 누이동생을 볼 수 있도록 그를 물가에 피는 꽃으로 태어나게 하였다. 자기애自己愛 또는 자기도취증이라고 번역되는 나르시시즘narcissism은 여기서 유래된다.

화단을 흉내내듯 길쭉한 화기에 수선화를 모아 심었다. 사나흘쯤이나 지났을까? 난로 옆에 진열해놓은 수선화가 꽃잎을 열었다. 뒤따라 다른 줄기에서도 붓끝 같은 봉오리가 밀려 올라왔다. 꽃대를 만지면 종알종알 매달린 꽃들이 수줍게 흔들렸다. 나는 미소년 나르시스가 연못가에서 그랬던 것처럼 가만히 수선화를 내려다보았다. 오랫동안 바라보면 지워진 그리운 이의 얼굴이 떠오르려나. 문득 풍겨온 수선화 향기가 나르시스 남매의 웃음처럼 환하게 느껴졌다.

먼저 피어난 수선화 세 대를 가위로 잘라 투명한 유리 화병에 꽂는다. 잔잔하게 번지는 나르시스의 미소가 아름답다.

민들레 그녀

뿌리는 뿌리대로 잎은 잎대로 어디 하나 버릴 것 없는 꽃.
나는 그녀가 척박한 땅에서도 뿌리를 내리는 민들레와 닮
았다고 생각했다.

보도블록 틈새를 비집고 민들레가 피었다. 마당을 정리하며 웬만한 풀들은 뽑는 편인데 미처 보지 못했나 보다. 민들레는 블록 사이에 납작 몸을 붙인 채 피었다. 그냥 지나칠 수도 있는 하찮은 꽃. 그래서 자신을 알리기 위해 그 꽃은 더욱 샛노랗게 피어났나 보다. 나는 쭈그리고 앉아 그 꽃과 눈을 맞추었다. 꽃 위로 예전에 중심을 잃고 방황하던 어떤 날의 그녀가 오버랩되었다.

그녀는 20대 초반을 함께 보낸 친구이다. 그녀의 웃는 얼굴 뒤편에는 왠지 모를 외로움이 그림자처럼 붙어 있는 것 같았다. 좀처럼 자신을 내보이지 않던 그녀는 어느 날 민들레 홀씨가 되어 홀연히 미국 어딘가로 떠났다.

잠깐 동안 직장생활을 한 적이 있었다. 그때 그녀를 만났다. 얼마 못 가 폐결핵에 걸린 나는 직장을 그만 둬야 했다. 짧은 기간이었지만 그녀와의 시간은 무엇과도 대신할 수 없었다. 그녀는 직장에서 인기가 많았다. 밖에 나가도 관심을 한 몸에 받곤 했다. 늘씬한 키에 희고 깨끗한 피부가 영락없는 도시 여인이었다. 그녀와 함께 있으면 덩달아 나도 그렇게 보일 것만 같았다. 그런 그녀가 사귀던 사람과 헤어졌다며 방황하기 시작했다. 마치 그 사람이 인생의 전부인 듯했다. 그녀의 눈빛이 다시는 사랑하지 않을 거라고 말하는 것 같았다. 그때 내가 이런 말을 했지 싶다. 떠나는 사람의 마음은 누구도 잡을 수 없는 것이라고. 어디에 정착할지 모르고 바람결에 떠나고 마는 민들레 홀씨와도 같은 것이라고.

지난 봄, 그녀에게서 연락이 왔다. 20여년 만이다. 내 이름을 인터넷으로 검색하다가 내가 활동하는 카페 게시판을 노크했노라고 했다. 나는 문체만 보고도 그녀인지 단번에 알 수 있었다. 걸핏하면 시골뜨기라고 나를 놀려대고 함께 식당에 가도 밥을 늦게 먹는다며 중간에 일어나 나가버렸던 장난꾸러기 그녀가 맞았다. 그때 나는 그녀가 아무리 놀려도 밉지 않았다. 촌스럽다 장난을 치면서도 그녀 또한 나를 그림자처럼 챙기곤 했다. 갑자기 울컥했다. 이렇게 연락이 닿을 줄은 몰랐다. 그녀가 이민을 가 자리를 못 잡고 방황하고 있을 때 정착할 때까지 연락하지 말아 달라는 그녀 언니의 전화를 받고 잠시 연락을 끊었던 것인데, 벌써 이렇게 강산이 두 번이나 훌쩍 바뀐 것이다.

그녀가 어떤 삶을 살았을지 짐작이 간다. 이민을 간 후로도 몇 차례 한국에 온 적이 있다. 여전히 헤어진 사람에 대한 그리움을 떨쳐버리지 못하고, 서울도 지우지 못하고 있었다. 그녀의 방황이 얼마나 계속되었을지 알 것 같았다. 아팠던 시절은 그냥 그대로 놓아두는 게 좋다. 그리움을 뿌리 삼아 살아가면 되는 것이니까.

　모처럼 기다림과 설렘이 생겼다. 일상에 매몰되어 새로운 것이 무엇인지도 모른 채 지나온 날들이 많았다. 이제 다시 만날 수 있다는 희망과 기대가 꿈틀거린다. 그녀는 연말쯤 나를 라스베이거스로 초대하겠다고 호언장담한다. 크루즈여행을 함께 하면 좋겠다며 반드시 와주기를 바란다고 호들갑이다. 가족이 가까이에 살고 있어도 여전히 그리운 이는 있는 법. 그녀도 나와 다르지 않았고 우리 마음은 그때 그대로였다.

　그녀는 마흔이 넘어 결혼했다. 아이는 두지 않았다. 하지만 시댁 식구들도 잘 해주고 남편 또한 따뜻한 사람이라니 다행스러운 일이다. 자신은 그들에게 꼭 필요한 사람이라고 했다. 그 말을 들으니 무척 좋아 보였다. 그런 그녀의 모습이 척박한 땅에서도 뿌리를 내리는 민들레와 닮았다는 생각이 문득 들었다. 뿌리는 뿌리대로 잎은 잎대로 어디 하나 버릴 것 없는 민들레. 약재로도 식재료로도 두루 쓰이는 식물. 민들레로 만든 커피까지 있다 한다.

　우리는 함께 어울렸던 또 다른 친구를 찾아보기로 했다. 그녀처럼 갑작스럽게 연락을 끊었던 친구. 그때는 도무지 이해할 수 없는 상황이었지만 그럴만한 사정이 있겠거니 했었다. 우정은 그런 것이 아닐까. 서운해 하기보다는 이해하는 것. 이해하지 못한다면 그냥 덮어주는 것. 태평양 건너 먼 곳에 있는 그녀가 우연찮게 나를 찾은 것처럼 그 친구 또한 찾을 수 있기를 바란다.

민들레꽃이 지고 씨앗들이 솜사탕처럼 부풀었다. 바람이 불면 금방아리도 날아갈 홀씨를 매달고 하늘거린다. 어쩌면 얼마 못 가 바로 턱밑에 발을 디딜지도 모른다. 그래도 기원해보련다. 생명력 강한 민들레처럼 그 친구 또한 뿌리를 잘 내리고 꿋꿋하게 살고 있기를.

민들레 씨앗이 바람에 흔들린다. 멀리멀리 날아 자신의 터에 무사히 안착하기를 빌어본다.

개나리

어쩌면 그는 잊을 만하면 삶의 밑바닥을 치곤하는 나에게 무언가 선물을 하고 싶었던가 보다. 그 개나리 묶음은 비록 넘어져 무릎이 깨져도 언제나처럼 우뚝 일어설 것을 믿고 있다는 것을 말없이 보여주는 신표信標 같았다.

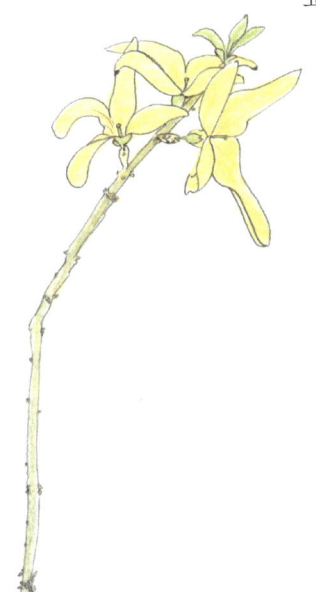

올해도 그는 개나리 가지를 한 아름 꺾어들고 화원 안으로 성큼 들어섰다. 2월 어느 수요일 정오쯤이었다. 그는 작업대에 그것들을 올려놓고 능숙한 손놀림으로 가지를 손질한 뒤 10센티 가량의 정사각형 유리화기에 물 먹은 프로랄 폼을 담았다. 손질한 나뭇가지를 폼에 꽂은 다음 테이블에 올려놓으며 화원을 오가는 손님에게 봄 선물로 나누어주면 좋을 것이라고 말했다. 그리고 모양과 크기가 비슷한 꽃가지 몇 묶음을 더 만들어놓았다. 기다란 개나리 줄기에 촘촘하게 돋아 있는 좁쌀만 한 꽃주머니들을 난롯가에 앉아 지그시 바라보았다. 봄이 성큼 내 앞으로 걸어오는 느낌이었다.

가끔은 누군가가 나를 위해 보이지 않는 기도를 해준다는 느낌이 들 때가 있다. 왠지 그가 그 중 한 사람일 거라고 생각되었다. 옆 동네에 사는 그는 내가 직원 없이 화원을 운영하기로 결심한 후부터 일주일에 한번꼴로 찾아와 서너 시간쯤 조용히 나의 일을 거든다. 벌써 두어 달째다. 환갑을 넘기고도 모 회사의 대표이사로 활발한 활동을 하고 있는 그가 그렇게 허드렛일을 마다하지 않을 때면 몸들 바를 모르겠다. 이런 나의 부담감에는 아랑곳없이 그는 묵묵히 하던 일을 계속할 뿐이다.

처음에는 다른 뜻이 있으려니 했다. 그가 기독교인이니 나에게 전도를 하려고 저러나, 아니면 한창 재미를 붙이고 있는 마스터가드너 일에 도움이 될 만한 일을 연습 삼아 해보려는 것일까, 하는 생각이 그것이었다. 그런데 그도 저도 아니었다. 그는 단지 혼자 종종거리며 일하는 나를 도와주려는 것뿐이었다. 이번에도 미처 손길이 가지 않은 곳을 귀신같이 찾아내 정리해주었다. 나는 점점 그의 도움에 익숙해져가고 있었다.

기억을 더듬어보니 이곳으로 이사 오기 전 화원이 갑작스레 기운 무렵부터였던 것 같다. 그가 겨울의 끝자락에서 개나리 묶음을 들고 나의 화원을 찾아왔던 것이. 어쩌면 그는 잊을 만하면 삶의 밑바닥을 치곤하는 나에게 무언가 선물을 하고 싶었던 것인지도 모른다. 그 개나리 묶음은 비록 넘어져 무릎이 깨져도 언제나처럼 우뚝 일어설 것을 믿고 있다는 것을 말없이 보여주는 신표信標 같았다. 개나리의 꽃말은 '희망'이다. 서양에서는 골든벨Goldenbell이라고 불린다. 봄을 알리는 맑은 종소리가 들리는 듯하여 붙여졌다고 한다. 이유가 어디에 있든 '희망'이라는 개나리의 꽃말이 나는 마음에 든다. 그가 긴 겨울의 웅크림 속에 있는 내게 선물한 그것은 좌절에서 일어서라는 무언의 격려와 희망의 메시지 같았다. 한번쯤 인생의 골든벨을 울려주고 싶다는 간절한 바람이 아니었을까 생각해본다.

그는 7년 남짓 함께 문학활동을 하던 문우이다. 그가 등단 후 얼마 되지 않아 붓을 꺾었다. 5년 전 일이다. 어떤 상처가 있었는지 누구도 묻지 않았다. 나 역시 그에게 어떤 말도 하지 않았다. 하지만 나는 그가 언젠가는 다시 붓을 들 것이라는 믿음을 버리지 않는다.

그가 개나리 묶음을 두고 간 지 2주 가량 되었다. 따뜻한 실내온도 탓인가. 쌀알 같던 봉오리가 병아리 주둥이처럼 일제히 꽃잎을 내밀었다. 가지마다 수십 개의 작은 황금종이 매달렸다. 화원은 온통 노란 꽃으로 가득했고 꽃을 받아든 손님들은 특별한 선물이라며 고마워했다. 나는 그 덕분에 다른 사람보다 봄소식을 먼저 건네는 인심 후한 꽃집 주인이 되었다.

어느 나른한 오후였다. 밀려드는 식곤증에 정신이 가물거리다가 설핏 잠이 들었다. 나는 조선시대 과거시험장에 앉아 있었다. 저만큼 떨어진 자리에 그의 모습도 보였다. 그가 먹을 갈더니 일필휘지하듯 거침없이 써내려갔다. 붓을 내려놓고 문장을 살펴보는 그의 모습이 사뭇 신중했다. 과장을 나와 우리 두 사람의 급제를 기원하며 서성이고 있는데 문득 어사화가 꽂힌 관모를 쓴 그의 모습이 보였다. 어사화가 잠시 흔들리는가 싶은 때 갑자기 울려대는 종소리에 그만 잠이 깨고 말았다. 꿈인지 생시인지 잘 구분이 되지 않아 두리번거렸다. 햇살 가득한 테이블 위에서 황금 종 수십 개가 빛나고 있었다.

    바깥세상에도 개나리가 환하게 피었다. 말없이 지켜본 여러 문우들의 응원이 그에게 닿았는지 근 한 달 만에 들른 그가 수필 원고 하나를 슬며시 내놓았다. 문득 얼마 전 꿈이 떠올랐다. 어쩌면 그 꿈은 글쓰기를 다시 시작한 그의 문운을 암시하는 길몽이었을지도 모른다는 생각이 들었다. 나는 그가 두고 간 '봄 선물'을 바라보며, 화원에 가득 울려퍼지는 골든벨 소리에 취한다. 나른한 행복감이 밀려온다.

산수유 꽃 필 때면

나는 산수유나무 아래 우산도 없이 서 있다. 머지않아 완벽한 왕관으로 피어날 산수유 꽃. 그때 Y의 귀에 걸렸던 빨강색 귀걸이처럼 지난 해 미처 떨어뜨리지 못한 산수유 열매가 꽃송이 밑에서 대롱거렸다.

누구나 좋아하는 나무 한그루쯤은 있게 마련이다. 나는 장흥 길 굽은 도로에 홀로 선 산수유나무를 좋아한다. 꽃시장에 오갈 때 더러 나무들이 눈에 띠었는데, 산수유가 그 중 하나이다. 이른 봄 겨울을 수습하는 빗속에서 몸을 검게 불리며 서 있는 산수유나무, 금방이라도 터질 듯한 꽃봉오리를 매단채로 물기를 머금었다.

봄을 알리는 꽃 산수유는 생강나무와 더불어 봄의 전령으로 꼽힌다. 정원이나 공원의 관상수로 흔하게 볼 수 있는 나무이며 대군락을 이루는 경기도 이천이나 전라도 구례 등지에서는 해마다 산수유축제가 열린다. 층층나무과에 속하는 낙엽성 소교목이고, 잎은 긴 달걀모양으로 서로 마주보며 끝이 뾰족하다. 키는 7m 정도까지 자라고 수피가 비닐조각처럼 벗겨지며 꽃은 잎이 나오기 전에 핀다.

노란색의 여러 알갱이들이 팝콘처럼 터져 나와 가지 끝에 왕관같이 우뚝 걸터앉는다. 만지면 노란 분이 묻어날 새라 손조차 댈 수 없는 꽃, 산수유는 내 오래 전 친구 Y를 닮았다.

Y는 나의 초등학교 1학년 때 친구로 마음이 여리고 착한 아이였다. 긴 생머리를 양 갈래로 땋아 노란색 방울로 묶고 다니는 그

아이를 나는 많이도 놀려댔다. 내가 놀리면 놀리는 대로 별다른 반응 없이 당했던 아이였다. 시골 아이 답지 않게 늘 단정하고 세련되게 옷을 입었다. 하얀 타이즈에 짧은 멜빵치마를 입은 그 애는 남자아이들의 놀림감이었다.

Y는 가끔 산수유 빨간 열매를 닮은 귀걸이를 귀에 매달고 오기도 했다. 나는 공연히 그 귀걸이를 잡아당겨 그 아이를 놀라게 하였다. 내 손바닥 위에서 반짝이는 귀걸이는 금방 Y의 귀에 걸렸지만 다음 날에도 그 다음 날에도 Y는 귀걸이를 하고 오지 않았다. 친하게 지내고 싶었던 마음을 잘못 표현한 것 같았지만 그 애에게 다가갈 수 있는 다른 방법을 알지 못했다.

나는 Y가 친구들과 노니는 것을 본 적이 없다. 언제나 멀찍이 뛰노는 친구들을 바라보며 앉아 있곤 했다. 수업 시간에도 반듯하게 앉아 시간을 채웠다. 시도 때도 없이 교실 안팎을 돌아다니는 우리들과는 달랐다. 나는 그 아이가 말을 할 줄 모른다고 생각했다. 또한 어딘가 모자란 아이는 아닌가, 했다. 아침이면 조용히 교실에 들어왔다가 수업이 끝나면 어느새 보이지 않았다. 어쩌다 하굣길에 만나도 그 애는 혼자였다. 뭐라고 말을 시키면 희미하게 웃다가 재빨리 표정을 정리했다.

그래서인지 친구들은 자주 Y를 놀렸다. 그 애 편을 들어주는 친구는 아무도 없었다. 나는 Y의 뒤에 앉았고 그 애의 땋은 머리를 내 짝꿍이 그러는 것처럼 가끔 잡아당겼다. 그래도 Y는 어떤 반응도 건네지 않았다. 세찬 바람이 불어도 끄떡없는 나무와도 같았다. 그날 수업이 끝나고 학교 후문을 나서기 전까지는 그랬다.

　나와 짝꿍이던 O가 선생님 심부름을 하기 위해 학교에 남았다. 홀로 교문을 나설 때 Y가 내 앞에서 걸어가고 있었다. 그리고 모퉁이를 돌아갈 무렵, 그 애는 나를 향해 돌아서더니 한 마디씩, 던지고는 가던 길을 천천히 걸어갔다.

　"또 다시 나 건드리면 그땐 혼날 줄 알아!"

　나는 흙바닥에 그대로 발이 붙어버리는 줄 알았다. 그 말은 순하고 여린 그 애 입에서 나올 말이 아니었다.

　그 후의 Y에 대한 기억은 없다. 거짓말처럼 생각이 나지 않는다. 그 애가 또래 아이의 가방을 들고 가는 것을 본 것도 같지만 확실하지 않다. 어떤 날 울면서 오솔길을 벗어났던 아이도 그 애라고 확신하지 못한다. 나에게 더 이상 Y는 친구들에게 당하기만 하는 아이가 아니니까. 머리를 양 갈래로 땋아 노란색 방울로 묶은 Y는 골목대장이었던 나를 단번에 제압한 강한 아이였으니까.

봄비다. 나는 산수유나무 아래 우산도 없이 서 있다. 머지않아 완벽한 왕관으로 피어날 산수유 꽃. 그때의 Y의 귀에 걸렸던 빨강색 귀걸이처럼 지난 해 미처 떨어뜨리지 못한 산수유 열매가 꽃송이 밑에서 대롱거렸다. 가만히 손을 뻗어 열매를 만졌다. 그 애가 그랬던 것처럼 산수유 빨간 열매는 어떤 저항도 없이 내 손에 잡혔다. 빗물을 받아 더욱 선명한 색, 하지만 나는 뭔지 모를 놀람으로 얼른 열매에서 손을 떼었다.

'호의에 기대한다'는 꽃말처럼 산수유는 나의 놀람을 배려로 느낀 것일까, 군데군데 꽃송이가 완벽한 모양을 갖추며 피어나고 있었다.

프리지어가 있는 풍경

프리지어를 보면 '프리지어'의 슬픈 사랑보다 알콩달콩한 첫사랑의 향내가 먼저 느껴진다. 도톰한 꽃송이를 손끝으로 건드리면 막 시작한 누군가의 사랑이야기가 와르르 쏟아져 나올 것만 같다.

꽃을 꽂는다. 노란색 프리지어다. 연두색 투명 유리병에 유스커스와 블랙잭을 사이사이 꽂아 방사형으로 완성한다. 어려운 역경을 잘 이겨낸 젊은이를 보는 듯하다.

프리지어는 졸업식 꽃다발로 사랑받는 꽃 중 하나이다. 힘든 기간을 슬기롭게 극복한 이를 응원하기 위한 선물이기도 하다. 신뢰와 믿음직스러움, 아름다움과 향기라는 꽃말을 동시에 지니기도 하였다. 모든 프리지어가 '우정'이라는 꽃말을 공통적으로 가졌지만 색깔에 따라 조금씩 다른 의미를 갖는다. 흰색은 '새로운 우정의 기념'이며 자주색은 '헌신적인 우정'이다. 빨강은 '깊은 우정을 기념'하는 것이고 노란색은 '당신은 훌륭한 친구입니다'이다. 우리가 흔하게 볼 수 있는 프리지어가 노란색인 것은 다른 색 프리지어에 비해 향기가 뛰어나고 사람들이 즐겨 찾는 색이기 때문일 것이다.

남아프리카가 원산지인 프리지어는 결혼 7주년을 기념하는 꽃으로도 알려졌다. 신뢰가 뒷받침되어야 할 결혼식이나, 평생의 반려로 기꺼이 믿음을 쌓아온 것에 대한 기념으로 알맞은 꽃이라 하겠다.

꽃병을 창가 자리에 올려놓고, 몇 걸음 뒤로 물러나 프리지어를 감상한다. 한적한 갤러리에 와 있는 느낌이다. 오디오에서는 얼마 전에 구입해, 연주자와 제목을 미처 익히지 못한 피아노 협주곡이 흐른다. 잔잔한 피아노 선율이 프리지어 향기를 은은하게 불러내주는 것만 같다.

가끔 집안에 꽃을 꽂아둔다. 자주 있는 일이 아니어서 그때마다 기분이 새롭다. 봄을 부르는 꽃이어서 일까, 한 아름의 노란색 프리지어는 더욱 설렘을 부추긴다. 단순한 형태의 꽃꽂이를 좋아하는 나는 이번에도 요란스럽지 않게 프리지어에 몇 가닥 그린Green 소재를 첨가했을 뿐이다. 노랑은 연두나 초록이 함께 할 때 그 빛이 엇나가지 않고 또렷해진다. 한 색인 양 튀지 않고 세련된 조화를 이루기도 한다. 색이 주는 이미지를 떠올려 볼 때 노랑이야 말로 가능성과 희망으로 가득 찬 어린 아이들을 보는 느낌이다.

노랑은 빨강, 파랑과 더불어 심리적으로 자신감과 낙천적인 태도를 갖게 하며 새로운 아이디어를 얻도록 도움을 주는 색이다. 황금이나 돈 등을 상징하고 부와 권위, 풍요로움을 나태내기도 한다. 안전색채安全色彩로서 '조심'이나 '주의' 표시에도 사용되고 지식이나 지적능력을 나타내기도 하며, 운동신경을 활성화하고 근육에 사용되는 에너지를 생성한다는 정보를 접한 바 있다. 재배가 용이하여 정식定植(온상에서 기른 모종을 밭에 내이다 제대로 심는 일. '아주 심기'로 순화)에서 절화까지의 생육일수가 60여일 정도로 짧은 편이며 한 해에 두세 번의 수확이 가능하다.

  수선화와 인연이 깊은 '프리지어'는 숲의 요정이다. 프리지어는 아름다운 소년인 나르키소스를 사랑하지만 내성적이고 말 수가 적어 나르키소스에게 자신의 마음을 고백하지 못한다. 말을 못 거는 것은 어디 갔던지, 그를 제대로 바라보는 것조차 부끄러웠다. 게다가 나르키소스는 요정들을 무시하고 깔보기까지 했으니 '프리지어'로선 용기가 나지 않았던 것이다. 프리지어가 짝사랑한 나르키소스가 어느 날 호수에 비친 자신을 바라보다가 물에 빠져 죽게 되었다. 사랑하는 이를 잃은 프리지어는 눈물을 흘리며 호숫가를 맴돌았다. 결국 프리지어도 물에 빠져 죽고 마는데, 신은 프리지어의 사랑에 감동하여 그녀를 깨끗하고 아름다운 꽃으로 환생시켜주었다.

  프리지어를 보면 '프리지어'의 슬픈 사랑보다 알콩달콩한 첫사랑의 향내가 먼저 느껴진다. 도톰한 꽃송이를 손끝으로 건드리면 막 시작한 누군가의 사랑이야기가 와르르 쏟아져 나올 것만 같다. 그들의 사랑에 시련이 없지 않겠으나 믿음으로 그 길을 헤쳐 나가게 될 것이기 때문이다.

  꽃병을 책상으로 옮겨온다. 연두색 유리병 속에 나선형의 프리지어 꽃대가 자잘한 물방울을 매달고 있다. 바닥에서부터 시작된 꽃대는 그대로 뻗어 방사형 부케가 되었다. 건강한 블랙잭이 물결을 치며 하늘을 향한다. 꽃송이를 감싼 듯한 유스커스가 안정감 있게 병꽃이의 분위기를 뒷받침해 준다. 자칫 하늘거리게 보일 수 있는 블랙잭의 자존심을 위한 처사일 터. 분粉을 바른 듯한 노란색 프리지어가 형광등 불빛에 반짝인다. 유스커스와 블랙잭의 조화가 볼수록 싱그럽다. 꽃대마다 열 송이도 넘게 꽃봉오리를 매단 프리지어는 머지않아 차례대로 꽃문을 열 것이다. 한동안 노란향기로 서재를 그득 메울 것을 생각하니 벌써 봄이 내게로 바짝 다가온 것만 같다.

아마릴리스의
사랑

긴장과 격정, 억제와 분출. '허벅지까지 깊게 패인 스커트 속으로 공격적인 다리의' 움직임을 허락하는 탱고의 마술. 아마릴리스에게서 어떤 숨겨진 욕망을 엿보게 되는 것이다.

이제는 화려함을 벗고 한적한 자리에 다소곳이 앉아 있는 아마릴리스Amaryllis. 기지개를 켜듯 이파리를 활짝 펼쳤다. 두 달여 멋지게 꽃피우기 소임을 마친 아마릴리스는 잎이 피어나면서 특별할 것도 없는, 그저 그런 구근에 불과했다. 그러나 그 모습만은 청초하다. 구근에서 잎이 펼쳐지는 지점, 정열의 시간을 보낸 흔적인 흑갈색 껍질을 조심스레 벗겨본다. 몇 해쯤 꽃을 피워냈는지 그것만으로도 짐작이 간다.

3년 전 거래처 안주인이 내게 선물한 아마릴리스는 봄이 막 당도할 즈음이면 어김없이 꽃대를 밀어 올린다. 얼핏 보면 잎이 군자란을 닮았다. 하지만 군자란 꽃과는 비교할 수 없는 강렬함이 아마릴리스 꽃에게 있다.

스마트폰 사진첩을 열어 꽃이 한창일 때 찍어 두었던 아마릴리스를 들여다본다. 바깥을 향해 산형繖形으로 핀 아마릴리스는 트럼펫 모양으로, 한 줄기에 서너 개의 꽃을 매달고 있다. 꽃잎 안에 여섯 개의 수술과 한 개의 암술이 세 갈래로 갈라졌는데, 길게 쭉 뻗은 것이 붉은 스커트 자락 밖으로 흘러나온 가늘고 곧은 무희의 다리를 보는 듯하다. 별안간 관여 선생이 쓴 수필, 「탱고, …」의 무희가 떠올랐다.

대각선으로 어깨를 맞대고 있는 남녀 댄서들의 얼굴은 정지 신호에 걸린 듯 잠시 무표정하다. 투우사가 소를 겨냥할 때의 그것처럼 긴장감마저 든다. 그러나 빠르고 경쾌한 탱고리듬의 스텝이 몇 번 어우러지더니 급한 회전을 이루며 이내 타오르는 장작불처럼 격렬함에 이르고 만다. (…) 마침내 남자의 손이 여자의 몸을 훑어 내리기 시작한다. 정교하면서 감성석인 터치, 허벅지까지 깊게 패인 스커트 속으로 공격적인 다리의 움직임이 자유롭다.

— 맹난자, 「탱고, 그 관능의 쓸쓸함에 대하여」 중

긴장과 격정, 억제와 분출. '허벅지까지 깊게 패인 스커트 속으로 공격적인 다리의' 움직임을 허락하는 탱고의 마술. 아마릴리스에게서 어떤 숨겨진 욕망을 엿보게 된다.

누군가 아마릴리스를 '빛나는 새벽별처럼 아름다운 꽃'이라고 말했지만 나는 그보다는 함부로 치장한 무희의 화려함 속에 감춰진 외로움과 슬픔 같은 것을 먼저 발견하게 된다. 아폴론만큼 아름다운 소년 알테오. 꽃만 가꾸는 알테오의 그 사랑을 얻기 위해 양치기 소녀는 30일 동안 하루도 빠짐없이 황금화살을 가슴에 맞아야 한다는 신의 요구를 받아들인다. 또한 알테오가 소녀를 알아볼 때까지 매일같이 그의 움막에 다녀와야 한다는 조건도 수

락한다. 29일 동안 화살을 맞아 가슴에 피를 흘리던 소녀는 30일째 되는 마지막 날, 알테오의 움막으로 가는 길에 그동안 보지 못했던 꽃을 만나게 되는데 이전에 한번도 본 적이 없는 황홀하도록 아름다운 꽃이었다. 마침내 알테오는 꽃을 한 아름 안고 찾아온 소녀를 돌아보며 사랑하게 되었고 그녀에게 아마릴리스라는 이름을 지어주었다. 서른 번이나 화살로 제 심장을 찌른, 그 붉은 피로 완성된 양치기 소녀의 사랑. 황홀한 꽃 속에 감춰진 순결한 고통의 의미를 되새기게 한다.

수선화과에 속하는 아마릴리스는 꽃송이도 크고, 색깔이 다양하고 화려하여 신부부케는 물론 프러포즈용 꽃다발로 심심찮게 등장한다. '눈부신 아름다움', '수다쟁이', '정열', '침묵' 등 다양한 꽃말을 가지고 있다. 그의 아름다움 앞에서는 어떤 뜻도 용납이 가능해진다.

구석으로 밀려나 있던 아마릴리스 화분을 작업대로 가져온다.

넓적한 이파리, 튼실한 구근이 소녀를 향한 알테오의 듬직한 사랑을 보는 것만 같다. 알테오를 갈구하는 소녀의 눈빛도 얼핏 보이는 듯하다.

한동안 나는 이 화분을 작업대 한 켠에 놓아 둘 것이다. 꽃이 지면 내쳐버리곤 했던 습관일랑 잠시 잊어버리고 여직 긴 여운으로 남아 있는 '탱고, 그 관능의 쓸쓸함에 대하여' 한번 더 생각해 볼 참이다.

튤립, 완벽한 행복을 꿈꾸다

정원이나 울타리를 따라 흰색 튤립을 심어 보세요. 이곳이 '지상천국'임을 금방 알 게 될 거예요. 분홍색은 '완벽한 행복'이라고 하니 그 색깔도 좋겠군요.

몇 해 전 양주시에서 '거리 화단 가꾸기' 사업으로 다량의 튤립을 심었다. 웬만한 꽃 축제에 견줄 만큼 곳곳에는 가지각색의 꽃들로 화단이 조성되었다. 오며가며 그것을 본 한 주민이 그중 튤립을 구해달라고 했다. 나는 꽃시장에서 그의 주문대로 여러 가지 색깔의 튤립을 가져와 화원 마당을 채웠다. 하지만 정작 많은 양을 구입하겠다던 손님은 색깔별로 한두 개씩만 가져갔다. 구근 늘리는 방법을 알아냈으니 많은 양이 필요 없다는 것이었다.

화원 마당의 대부분을 차지하던 튤립은 날이 따뜻해지면서 금세 꽃이 피고 얼마 안 가 꽃은 모두 지고 말았다. 구근 관리를 잘 해서 다음 해에 상품으로 내 놓아도 될 일이었지만 화원과 농장을 겸할 수 없는 처지이고 보니 그 꽃은 애물단지가 되어버렸다. 그때 나는 17세기의 '튤립투기현상'을 떠올렸다.

튤립의 나라로 알려진 네덜란드에서는 1630년경에 튤립 재배가 크게 유행했다. 다양한 품종이 개발된 것도 그즈음이었다. 1633년부터 4년여에 걸친 '튤립투기열풍'은 당시 유럽경제를 일순간 혼란에 빠뜨리는 사건으로 기록되었다. 튤립 한 뿌리를 손에 넣기 위해 총독에게 바친 물품은 금화 2,500플로린에 해당하는 값어치로, 자그마치 우리 돈으로 1억6천만 원 정도였다. 가격이 오를 대로 오르자 끝내 거품이 터졌다. 한순간에 상인들은 빈털터리가 되었고 귀족들은 담보로 영지를 잡혀야만 했다. 네덜란드가 경제 대국의 자리를 영국에 넘겨주는 사건이었다.

튤립은 천 년 전부터 페르시아와 터키에서 자라던 야생화로 한때 오스만 제국의 상징이었다. 시인들은 튤립을 찬미하며 시를 썼고 화가들은 각종 장식에 튤립을 이용했다. 튤립에 얽힌 다양한 신화나 전설은 그것을 접할 때마다 새삼스러웠다. 꽃은 왕관을 닮았다느니, 이파리는 칼과 비슷하고 뿌리는 황금과도 같다는 둥 그럴듯한 이야기로 전해진다. 또한, 가을의 신 벨투스로부터 튤립이라는 소녀를 지켜주기 위해 정조의 여신 다이애나가 튤립을 가을과 영원히 만날 수 없는 봄에 피는 꽃으로 변하게 하였다는 이야기는 언제 들어도 흥미롭다. 이처럼 튤립은 다양한 이야기를 생산하면서 더욱더 화려하게 오므렸다 피기를 끊임없이 반복했다. 그리고 어느 순간 속절없이 사윈다.

나는 해마다 튤립의 매력에 빠진다. 항상 여분의 튤립을 구입해 집으로 가져와 식탁에 장식하는 것을 좋아한다. 화분에 심어진 것과 다른 매력이 절화折花에 있다. 정원을 갖게 된다면 튤립을 심어볼 참이다. 정원에서 거둔 갖가지 색의 튤립을 물병에 꽂아 집안 곳곳에 장식하련다.

　유럽의 경우처럼 투기를 위해 들여놓은 꽃은 아니었지만, 봄 장사를 시작하는 시점에서 나의 신중치 못함이 가져온 피해는 의외로 컸다. 따지고 보면 손님과 나 사이에는 계약서가 필요했다. 뿐만 아니라 상인으로서는 없어도 될 알량한 자존심은 버려야 했다. 당신이 주문한 꽃은 반품할 수 없다며 그 집 대문 앞에 부렸으면 어땠을까. 지금도 크게 다르지 않지만 당시 나에게는 장사꾼 역할도 맞지 않았고 자격에도 못 미쳤다. 노련한 장사꾼이라면 샘플을 먼저 보여주고 몇 개가 필요한지 주문대로 적어놓았을 것이다. 그러면 나의 계획성 있는 진행에 놀라 그는 더욱 신중했을 테고 튤립은 넓은 그 집의 정원을 화사하게 장식했을 것이다. 꽃말이 주는 의미를 전해주고 튤립의 매력을 높이며 그가 더 많은 양의 튤립을 장만할 수 있도록 유도하는 것도 좋은 방법이었을 터이다.

　"이 집은 전체적으로 우리 동네에서 보기 드문 구조네요. 정원이나 울타리를 따라 흰색 튤립을 심어 보세요. 이곳이 '지상천국'임을 사람들은 금방 알 게 될 거예요. 분홍색은 '완벽한 행복'이라고 하니 그 색깔도 좋겠군요."

안주인은 정원에 가득 심어놓은 튤립을 상상하며 능숙하게 설명하는 나의 입모양을 바라보면서 감탄했을 것이다.

튤립도 그 색이 다양한 만큼 꽃말이 각기 다르다. 빨강색 튤립 부케를 건네주면 사랑을 선포하는 것으로 받아들인다고 한다. 자주색은 '충성'이요, 보라색은 '겸손'이다. 튤립의 원조라 불리는 노란색은 '우정'을 뜻한다. 오렌지색은 '열정'이고 알록달록한 색은 '당신의 눈은 아름답다'는 뜻을 지녔다. 그때 내가 이런 식의 정보라도 흘렸더라면 재고의 양은 훨씬 줄었을 것이다.

당시 마당 귀퉁이에 밀어두었던 튤립 구근은 화원을 오가는 손님들에게 하나씩 나눠주었다. 지금쯤 어딘가에서 구근을 늘리고 있을 튤립의 모습이 새삼 궁금해진다. 꽃은 우리 인간을 위해 신이 만들어 놓은 선물이라고는 하지만, 그들은 어디까지나 생멸을 위함이 아니던가. 목적이야 어떻든 우리는 아름답게 꽃을 바라봐 주면 되는 것임을.

나는 튤립 한 다발을 신문에 말아 집으로 가져왔다. 분홍색 튤립을 화병에 꽂아 주방 창가에 올려놓았다. 지금부터 나는 '완벽한 행복'을 기다린다.

피어나다_**여름**

Part II

찔레꽃 필 무렵

하늘엔 별이 촘촘히 떠 있었다. 내 한숨소리에 금방이라도 그 많은 별들이 후두둑, 떨어질 것만 같았다. 달빛을 받은 찔레꽃이 하얗게 무더기로 피어 있었다.

그의 집과 우리 집은 100미터 가량 떨어져 있다. 우리 집 대청에 올라서서 보면 그의 집 마당이 보이고 나의 다락방에서는 그의 공부방이 보였다. 그는 밤을 잊은 듯 공부했다. 같은 학교 1년 선배이고 공부를 꽤 잘하는 편에 속했다. 그를 좋아한 나는 그와 학교를 같이 다니고 싶어 중학교 때부터 열심히 공부했고 덕분에 그가 다니는 고등학교에 진학할 수 있었다. 하지만 거기까지였다. 그는 곧 내 관심 밖으로 물러났다.

고등학교 1학년 초여름 때였다. 하교 길에서 그는 내 손에 편지 한 통을 쥐어주며 집에 가서 뜯어보라고 했다. 평소 말이 없고 못 생겼지만 공부를 잘한다는 이유로 호감이 간 그였기에 잠시 가슴이 설렜다. 편지 내용이 무엇보다도 궁금했다. 집까지는 한참을 걸어야 하는데 참을 수가 없었다. 그가 사라지면 그 자리에서 펼쳐볼 참이었다. 그러려면 그와 거리를 두고 걸어야 했다. 거리가 벌어지고 나면 쪽지를 펼쳐 볼 생각에 그와의 간격을 두고 느리게 걸었다. 그러나 그가 저만치 서서 나를 기다렸다. 그의 눈은 집에 가서 보라니까, 라고 말하는 것 같았다. 부끄러웠다. 궁금했지만 참았다.

편지를 들고 다락방으로 곧장 올라갔다. 저녁밥 먹는 것도 건너뛰었다. 다른 생각이 들어오지 않았다. 오직 편지 내용이 궁금했다. 봉해진 봉투를 가위로 여니, 그 안에 또 다른 작은 봉투가 들어 있었다. 서둘러 그것을 열었다. '친애하는 아무개에게'로 시작된 편지는 내게 보낸 편지가 아니었다. 편지를 읽으며 가슴이 쿵쾅거렸다. 그것은 내 남자친구가 다른 여학생에게 보내는 편지를 몰래 훔쳐보는 기분과도 같았다. 내용에는 그의 애절함이 가득 담겼다. 간간이 '사랑'이란 말도 장식처럼 박혀 있었다. 얼굴이 뜨거웠다. 숙맥일 것 같았던 그가 연애에는 능통한 사람처럼 아주 자연스럽게 편지를 이어갔다. 편지의 내용은 도입 부분을 제외한 대부분이 상대방에게 용서를 바라는 것이었다. 그녀에게 무슨 큰 잘못을 했기에 이렇듯 절절 매며 매달려야 하는지 그가 모자라보였다. 아무리 잘못을 했다 해도 이렇게 자신을 무참히 무너뜨리면서까지 용서를 빌어야 했을까. 실망스러웠다. 내가 아는 그는 무슨 일이 있어도 끝까지 멋있어야 했다. 아무리 자기가 사모하는 여인이라 해도 무릎을 꿇으며까지 용서를 빌어서는 안 되었다.

    편지를 다른 봉투에 넣고 서둘러 봉했다. 뜯었던 겉봉을 구겨 쓰레기통에 넣으려는데 봉투 안에서 뭔가 잡혔다. 작게 접은 메모였다. '2학년 5반 아무개에게 전해주렴'이라는 딱 한 줄의 글이었다. 그러면 그렇지. 나는 못 볼 것을 본 것이었다. 아니, 보지 말아야 할 것을 보고야 만 것이다. 홧홧한 기운이 온몸을 감쌌다. 애써 마음을 가다듬었다.

이른 잠을 청했지만 쉬이 오지 않았다. 창문을 열었다. 여전히 그의 방에는 불이 켜져 있었다. 나는 가로로 누워서 그의 방을 한참 동안 바라봤다. 서늘한 바람이 불었다. 달콤한 꽃향기가 몰려왔다. 하늘엔 별이 촘촘히 떠 있었다. 내 한숨소리에 금방이라도 그 많은 별들이 후두둑, 떨어질 것만 같았다. 다락방 아래는 마늘밭이다. 마늘밭 가에 감나무 한 그루가 서 있고 옆에 찔레넝쿨이 언덕 쪽으로 늘어졌다. 하늘에 떠 있던 별들이 나의 한숨소리에 놀라 우수수 떨어져 꽃을 피운 것일까. 달빛을 받은 찔레꽃이 하얗게 무더기로 피어 있었다.

나는 누운 채로 고백도 못한 그에게 이별을 선고했다. 내가 좋아한 줄도 모르는 그는 나의 이별 통보도 눈치채지 못한 채 바보같이 책상 앞에 앉아만 있다. 멍청한 사람. 얼마나 멍청하면 자기를 몇 년씩 좋아하는 옆집 동생에게 연애편지를 건네는 심부름을 시킬까. 못나도 한참 못난 사람이다.

나는 그 사람이 잘 되길 빌었다. 공부를 열심히 해서 서울에 있는 명문대학에 꼭 들어가길 빌었다. 빨리 그가 이 동네를 떠나주길 간절히 빌었다.

찔레꽃이 필 때면 그 사람이 생각난다. 작은 소녀였던 그날의 나도 떠오른다. 예나 지금이나 좋아하는 사람을 만나도 변변한 고백을 하지 못한다. 내 마음 모두를 보이면 안 될 것 같다는 생각이 늘 고백 앞에 서 있다. 그래서 못되게 구는지도 모를 일이다.

편지를 읽은 다음부터 나는 그를 쌀쌀맞게 대했다. 더 이상 편지 심부름도 하지 않았다. 그때 너를 향한 내 마음이 이렇다고 보여줬으면 어땠을까. 그렇다면 그는 내 마음을 받아줬을까. 그래서 우리는 행복했을까. 아니다. 그는 그 후로도 지금까지 이웃집 동생으로 나를 대한다. 나는 세련되지도 공부를 잘하지도 키가 크지도 않았다. 있어도 있는 것 같지 않은 내가 그의 마음에 들 리가 없다. 내 처지를 내가 너무도 잘 알기에 어린 나이였음에도 주춤거렸을 것이다.

한 동안 피어오르다가 아무도 모르게 바람에 흩날려버린 찔레꽃처럼, 한번도 마음을 내보이지 못하고 그렇게 마음을 닫아버린 소녀. 지금도 찔레꽃을 볼 때면 그때가 생각난다.

개망초
꽃

개망초꽃 향기는 어떤 향기도 없는 줄 알고 그동안 맡아볼
생각조차 하지 못한 그에게로부터 온 화해의 손짓이었는
지도 모르겠다.

돌이켜보면 나도 잘한 건 없다. 이왕에 참는 것, 조금 더 참았어도 좋았다. 목숨이 오가는 일도 아니고 하룻밤 지나고 나면 수그러질 수도 있는 일이었다. 그렇지만 그 일은 여러 차례 비슷한 양상이 반복되면서 생긴 일종의 응어리 같은 것이었다.

8년 전에 예닐곱 명이 모여 문학동아리를 만들었다. C선생이 초대 회장을 맡았고 나는 사무국장이 되어 단체를 꾸려나갔다. 나는 눈치가 없어서 여러 사람을 불편하게 했다. 성격 탓인지 사회생활을 제대로 못한 탓인지 사람을 상대하는 데 서툴렀다. 잘한다고 해도 일이 심각하게 꼬이는가 하면, 거의 포기 직전에 놓인 일이 엉뚱하게 잘 풀려 당황스러울 때도 있었다.

어디까지가 나의 역할인지 헷갈렸다. 회원 간에 갈등이 생기면 가장 먼저 C선생과 부딪쳤다. 4년 만에 나는 단체에서 도망치다시피 빠져나왔다.

모임에서 나온 후에도 몇몇 회원과의 관계는 유지했지만 예전처럼 서로 살가운 말은 오가지 않았다. 어쩌다 C선생을 만나도 농담을 주고받거나 마음을 터놓고 이야기하지 않았다.

7월이 코끝에 와 있던 어느 날 선생에게서 연락이 왔다. 회암사에 관한 글을 써 잡지사에 보내야 하는데 글과 함께 보낼 사진이 필요하다는 것이었다. 사정이 여의치 않으니 사진을 찍어줬으면 하는 전화였다. 알겠노라 대답하고 약속장소인 회암사로 차를 몰았다.

　회암사에 올라 대웅전과 부도탑을 촬영한 후 내려와 절터를 담았다. 웅장한 절터를 한 장의 사진에 다 넣을 수 없어 몇 컷인가를 나눠 찍으면서 뒤에서 서성이는 그를 힐끔거리며 돌아다보았다. 무슨 말인가 하고 싶었으나 별다른 대화는 오가지 않았다. 내려가는 길, 나는 박물관 쪽으로 방향을 잡았다. 몹시 더운 여름 한낮이었다. 그의 차가 내 뒤를 따라왔다. 삼면이 숲으로 감싸여진 절터를 한 장으로 담기 위해 잠시 차를 세웠다. 차에서 내려 카메라를 들고 절터 앞에 섰다. 드넓은 회암사지를 올려다보았다. 그때 어디선가 달콤한 향기가 바람을 타고 와 내 몸을 감쌌다. 몸을 뒤로 돌렸다. 건초에 단내를 묻힌 듯한 향기가 순식간에 나의 몸을 다시 휘감았다. 주위를 둘러보았다. 꽃향기일 법한데 향기를 뿜을 만한 꽃은 보이지 않았다. 내가 서 있는 쪽에서 백여 미터 떨어진 박물관까지 개망초꽃이 흐드러지게 피어 있을 뿐이었다. 그 향기였다. 개망초꽃을 수 없이 봐왔지만 이렇듯 은은하고 달콤한 향기를 지닌 줄은 몰랐다. 들꽃에 관심이 많아졌다는 C선생에게도 알려주고 싶었다. 그는 저만치 서서 무심히 또 다른 발굴터를 스마트폰 카메라에 담는 중이었다. 그의 표정을 자세히 볼 수는 없었지만 지친 듯 굽은 등이 따가운 햇살에 유난히 가라앉아 보였다. 나의 시선을 느꼈던지 잠시 후 그가 고개를 돌렸다. 나는 개망초꽃에도 향기가 있다고 그에게 다가가며 수선을 떨었다. 의외라는 듯 그도 코를 벌름거렸다. '계란꽃'이라고도 불렸던 개망초, 그의 꽃말은 '화해'다. 가까이 있는 사람을 행복하게 하고, 멀어진 사람은 가까워지게 한다는 꽃말도 가지고 있다. 꽃말을 알기 전에는 몰랐던 묘한 기분이 나를 잠시 흔들었다. 개망초 향기가 호응하고 들어와 내 마음을 막힘없이 뚫어주었다. 그제야 미움과 증오심과 분별심分別心으로부터 멀어진 것 같았다.

  감당하기 힘들었던 일도 시간이 지나면 희석되어버리고 좋은 일은 오래도록 기억하나 안 좋았던 일은 묻어두려는 습성이 누구에게나 있는 탓일까. 아니면 건망증으로 지난 일을 잊어버리는 건지, 그것도 아니라면 오늘 문득 선생의 굽은 등을 본 탓인지, 나도 모르게 지난 일들이 꽃잎처럼 한 겹씩 흩어져 내리는 것이었다.

  건너편 박물관 건물과 푸른 하늘을 배경 삼아 하얀 개망초꽃을 카메라에 담았다. 쪼그리고 앉아 하얀 구름이 흐르는 하늘을 향해 또 한번 셔터를 눌렀다. 파란 하늘을 배경으로 하늘거리는 개망초꽃이 시원한 바람과 함께 다시 한번 향내를 보내왔다.

 어쩌면 개망초꽃 향기는 어떤 향기도 없는 줄 알고 그동안 맡아볼 생각조차 하지 못한 그에게로부터 온 화해의 손짓이었는지도 모르겠다. 고개를 들자 가없이 맑은 하늘이 나에게로 다가왔다. 적개심과 미움이 사라져 내 마음이 평화로워진 것은 자연의 힘이었다.

당신은 수국 꽃을 좋아하나요?

수국은 '변덕'과 '진심'이라는 양면의 꽃말을 가지고 있어요. 알칼리성 토양일 때 푸른색 꽃이, 산성토양일 때 붉은색 꽃이 핀다죠?

화원 진열대 한쪽에 수국을 장식하기로 했어요. 밖에서도 안에서도 감상이 즐거운 자리, 그 곳은 기분 전환하기에 좋은 장소에요. 때에 따라 주제가 달라져 매장을 찾는 손님들이 좋아하는 곳이기도 해요. 먼저 70센티 높이의 원형 유리화기에 푸른색 구슬을 깔았어요. 화기에 물을 붓고 청색 수국 한 송이를 꽂았죠. 파란색 수국이 탐스럽네요. 어떤 기교도 장식도 필요 없는 오직 한 송이만의 공간. 유리는 기꺼이 수국의 등장을 환영합니다. 그 옆에 50센티 높이의 유리화기를 놓고, 길이를 알맞게 잘라낸 분홍색 수국 한 송이를 꽂았어요. 높낮이의 어울림이 그럴 듯합니다. 끝으로 15센티 높이의 정사각형 유리화기 네 개에 꽃잎을 띄운다는 느낌으로 꽃을 얹어 봤어요. 얼마의 간격을 두고 놓으니 앙증맞네요. 가끔은 이런 식의 연출이 즐겁습니다.

꽃은 사람의 마음을 움직이는 존재로 그만한 가치가 있어요. 수국 꽃을 볼 때 마음이 설레는 것은 사랑하는 사람을 앞에 둔 것과 같아요. 방금 다녀간 손님은 자기도 수국을 유난스레 좋아한다고 했어요. 그가 웃으면 양 볼이 수국처럼 활짝 피어오를 것만 같았어요. 그분께 말린 수국 몇 송이를 건네니 아주 좋아하네요. 예전 사랑했던 사람을 만난 것 같다고 했어요. 몇 년 전 교통사고로 몸이 많이 망가진 그는 미소 짓는 모습이 수줍은 소녀를 닮았어요. 누구라도 그녀 곁으로 절로 다가가게 하는 매력을 지녔죠. 이웃동네에서 카페를 하는 그가 사고 후 자기는 다시 태어난 기분이라며, 그 감사함을 사랑으로 표현했을 때 어쩐지 공감이 가더라고 했어요. 말린 수국 몇 송이에 행복해 하는 그녀를 보니 덩달아 기분이 좋아졌습니다.

수국은 '변덕'과 '진심'이라는 양면의 꽃말을 가지고 있어요. 어떻게 이 상반된 꽃말이 가능한지 생각해 보았습니다. 꽃이 처음 필 무렵과 만개했을 때의 색이 달라서일까요? 아니면 토양이 바뀌면 그 색깔도 변하기 때문일까요. 수국은 알칼리성 토양일 때 푸른색 꽃이, 산성토양일 때 붉은 색 꽃이 됩니다. 이들 모두 처음 꽃송이가 달렸을 때부터 만개하기까지 색은 여러 차례 변화하고요.

3년 전인가, 거제에 갈 일이 있었어요. 저구마을로 가기 위해 좁은 도로로 접어들었을 때, 달리던 길 양편으로 파란색 수국이 한창이었어요. 나는 자동차의 속도만큼이나 빠르게 비껴가는 수국을 보면서 무척이나 황홀했답니다. 늘 보아왔던 꽃인데도 그렇게 새로울 수가 없었어요. 파란색 수국은 색이 주는 슬픈 기분을 넘어 무척이나 아름다웠어요. 그때 옆에서 운전을 하던 이가 창문을 활짝 열어주었죠. 그리고 볼 수 있을 때 실컷 보라며 속도도 줄여주었어요. 그의 친절 덕분에 태어나 처음으로 길 따라 가득 핀 수국을 길이 끝날 때까지 바라볼 수 있었습니다. 바람이 불면 그대로 흔들리고 마는 수국은 달리는 차 안에서 한번도 제대로 카메라에 맑게 잡히지 않았어요. 셔터를 누르려 하면 언제 그랬냐는 듯 몸을 비트는 것이었죠. 마치 약 올리듯 말이어요. 한참을 수국과 실랑이를 하다가 펜션을 하는 지인 집에 도착했어요. 그 집 가는 양옆으로도 수국은 또 피어있었죠. 바다가 내다보이는 길 쪽에서 수국은 어김없이 흔들리고 있었습니다.

   수국은 노지露地에서 월동이 가능하답니다. 화단이나 거리 조경용으로 알맞은 식물이지요. 꽃이 만개하면 어른 머리통만한 크기의 수국을 쉽게 볼 수 있어요. 비라도 내리면 꽃송이를 매단 줄기는 중력과의 씨름을 힘겹게 겨룬답니다. 꽃이 지면 10월경에 가지를 잘라주는데, 그것은 다음 해에 꽃이 잘 피게 하기 위함이에요. 꽃이 피지 않는 가지는 자르지 말아야 해요. 그 가지에서 예쁜 꽃이 피어날 거거든요.

당신도 수국 꽃을 좋아하세요? 핀 지 오래되어 색이 바래도 잘라내지 않고 그대로 그 꽃을 지켜보나요? 잘라낸 꽃은 다음해를 기약하며 통풍이 잘 되는 그늘에 말려 집안을 장식하기도 할 테지요? 그렇다면 꽃잎이 얇아 다른 꽃에 비해 예쁘게 잘 마른다는 사실도 알겠네요. 한번쯤 프리저브드나 드라이플라워를 시도해 보는 건 어때요?

수국으로 만든 차를 이슬차라고 해요. 섬유질이 많아 꾸준히 마시면 변비나 이뇨작용에 좋다 하지요. 항산화작용으로 활성산소를 제거해 주기에 노화방지에도 좋다 하고요. 그 외 수국차는 간을 해독시켜 주기 때문에 애주가들이 관심을 갖는다고 해요.

수국의 삽목시기를 두고 의견이 분분합니다만, 농장을 하는 언니는 꽃이 지면 바로 삽목에 들어갑니다. 줄기와 잎사귀 사이의 생장점으로부터 새로운 잎이 나고 줄기가 자라며 1년쯤 후에 꽃이 맺히는 거죠. 농장에 들러 삽목한 수국이 얼마나 자랐는지 살펴봐야겠어요. 내년, 천여 평의 농장에 몽실몽실 피어오를 수국을 상상하는 것만으로도 하루가 즐겁기만 합니다.

뚱딴지 꽃
핀 날

그녀는 남편과 헤어질 것이라고 했다. 하지만 자신이 확실하게 정리할 동안 혼자만 알고 있으라고 당부했다. 이 와중에도 마음을 다잡지 못한 그녀를 나는 이해하기 어려웠다. 언짢은 마음으로 잠시 창밖을 건너다보았다. 화단에는 노란 뚱딴지 꽃이 바람에 흔들리며 영문도 모른 채 환하게 웃고 있었다.

어떻게 살아야 잘 사는 거냐며 전화기 속에서 친구는 울먹였다. 무슨 일이냐고 묻기도 전에 그녀는 이내 흐느끼기 시작했다. 그녀가 우는 것을 본 적이 없어 잠시 당황했지만 선뜻 달랠 방법도 없어 울음이 그치기를 기다렸다. 한참 만에 울음을 그친 그녀가 만나자고 했다. 오랜만에 연락한 사람이 저렇듯 흐느껴 우니 무슨 일인지 궁금하고 불안했다. 대충 주변 정리를 마치고 자동차에 시동을 걸었다.

자동차로 이십여 분을 달려서 그녀와 약속한 장소에 도착했다. 점심시간이 한참 지나서인지 주차장은 텅 비었다. 그녀를 기다리는 시간이 초조하여 정원을 거닐었다. 마당 한 귀퉁이에는 아름드리 느티나무가 붉게 물들어갔다. 금계국이 만발한 화단 건너편으로 뚱딴지 꽃이 멀뚱히 서서 노랗게 피었다.

그녀는 약속시간이 십여 분 지나서야 아무 일도 없었다는 듯 웃으며 나타났다. 예의 발랄한 모습이었다. 그런 그녀의 모습이 애처로워 아무 말도 하지 못한 채 반갑게 손을 마주잡았다. 그녀의 작은 손이 유난히 거칠게 느껴졌다. 우리는 식당 안으로 들어가 화단이 한눈에 보이는 구석진 자리에 앉았다. 오랜만에 만나 서먹한 면도 없잖아 있었지만 서로 마주보며 웃다 보니 그 동안의 시간이 짐작되었다. 아직 점심 전이라며 먹었어도 내게 같이 먹어달라고 했다. 우리는 주문한 음식을 기다리며 손을 맞잡고 약속이나 한 것처럼 서로의 얼굴을 바라보았다. 그녀는 몇 년 새 많이도 변했다.

무엇이 그녀를 이토록 변하게 했을까. 언제나 생글대며 쉴 새 없이 수다를 떨던, 해맑았던 그녀의 모습은 더 이상 찾기 어려웠다. 마흔을 훌쩍 넘어 나잇살이 붙은 몸매는 그렇다 치더라도 가뭄에 논바닥 갈라지듯 마른 입술은 가끔씩 경련을 일으켜 내 가슴을 툭툭, 건드렸다. 눈빛도 예전의 총기를 잃었다.

그녀는 종업원이 내려놓은 자신의 음식 접시를 들고 내 곁으로 와 앉았다. 우리는 나란히 앉아 창 너머 화단을 말없이 바라보았다. 소나무 군락 사이로 울타리를 따라 군데군데 놓인 평상이 시골 원두막을 연상케 했다. 그녀는 돗자리 깔고 평상에 나란히 누워 가벼운 소설 한 편 읽고 싶다고 말하며 눈을 감은 채 의자 깊숙이 몸을 묻었다. 시장하다더니 내온 음식은 먹을 생각도 하지 않았다. 나는 채근하지 않았다. 그녀에게도 이야기를 꺼낼 마음의 준비가 필요할 것이라 생각하며 무심한 척 평상에 눈을 두었다. 그녀는 한참만에 소파에 묻었던 몸을 일으키더니 내 어깨에 슬며시 머리를 기댔다. 그리고는 들릴 듯 말 듯한 목소리로 남편한테 맞았다며 뒤통수의 상처를 가리켰다.

나는 눈을 질끈 감고 말았다. 온몸에 소름이 돋았다. 한눈에 봐도 흉기로 맞은 자국이었다. 어떤 큰 잘못을 했기에 이 지경이 되도록 사람을 때릴 수 있을까. 그녀는 남의 말 하듯 벌써 일주일쯤 지났다며 몸을 일으켜 헝클어진 머리카락을 정리했다. 상처는 아물어가고 있었지만 그녀가 받은 마음의 상처는 언제쯤 아물지, 아물기는 할는지….

부부 사이의 일이야 당사자 외에 아무도 모른다고는 하지만 그동안 그들 사이에 무슨 일이 있었기에 저 지경에 이르렀는지 궁금했다. 그녀가 전 남편과 이혼하고 어렵사리 재혼을 결심했을 때 주변의 누구도 그녀의 불행을 예감하지 못했다. 그녀의 남편은 한없이 자상해 보였으며 그녀는 이제야 좋은 사람을 만난 것 같다며 행복해 했었다.

재혼은 초혼보다 몇 배의 인내와 신뢰가 필요하다고 한다. 포기해야 할 부분도 많고 안고 가야 할 숙제도 있기 마련이다. 서로의 아이들로 인한 갈등도 감수해야 할 부분이리라. 재산이 많은 시아버지는 새로 들어온 며느리의 동태를 수시로 살폈고 며느리는 그런 시아버지가 서운했다. 하루가 멀다 하고 간섭하는 통에 남편과의 갈등이 자연스레 깊어졌다고 한다. 시아버지는 자수성가해 모은 재산을 당신 핏줄도 아닌 애들에게 물려주고 싶지 않다며 애초에 재혼을 반대했다는 것이다. 그런 일들이 부부간의 갈등 요인으로 작용한 것 같다고 한다. 그들은 이 같은 현실을 예상하지 못했던 것일까?

당장이라도 달려가 친구의 남편에게 따지고 싶었지만 마음뿐이었다. 그녀에게도 달리 해줄 말이 없었다. 다만 그 남자가 괘씸하고 이 지경에까지 이른 그녀가 미련스럽게 여겨질 뿐이었다. 나는 그녀의 손을 꼭 잡고 깊은 한숨을 내쉬었다. 손도 대지 않은 음식 접시가 시간이 가면서 볼품없이 변해갔다.

그녀는 남편과 헤어질 것이라고 했다. 하지만 그를 사랑하는 마음이 달라진 것은 아니니, 자신이 확실하게 정리할 동안 혼자만 알고 있으라고 당부했다. 이 와중에도 마음을 다잡지 못하는 그녀를 나는 이해하기 어려웠다. 언짢은 마음으로 잠시 창밖을 건너다보았다. 화단에는 노란 뚱딴지 꽃이 바람에 흔들리며 영문도 모른 채 환하게 웃고 있었다.

사랑나무
자귀

자귀의 흰 꽃술은 힘을 잃은 노인의 짧은 머리카락을 닮았다. 노인의 은빛 머리카락이 바람에 가늘게 떨리는 것이 그때마다 반응을 보이는 자귀꽃과도 같다.

양주 S노인전문병원의 마당과 건물 주변에는 나무가 많다. 감악산 자락 아래 자리 잡은 병원은 숲과 연결되어 다양한 나무들을 볼 수 있다. 지방도로를 벗어나 차 한 대가 겨우 다닐 만한 도로를 따라 병원까지 가다 보면 휴양림으로 들어가는 기분마저 들게 한다.

  병원 마당을 둘러선 수많은 나무들 사이로 수령이 제법 되었음직한 자귀나무 두 그루가 주차장을 사이에 두고 마주 서 있다. 자귀는 나뭇잎 위로 부채모양의 꽃술을 가득하게 펼쳤다. 오른쪽에 분홍색 꽃이, 그 건너편에는 흰 꽃이 만발했다. 노인환자와 보호자들은 자귀나무 아래에 놓인 의자에 삼삼오오 앉아 담소 중이다. 그들 곁으로 바람이 슬그머니 지나간다. 왼쪽 자귀의 흰 꽃술은 힘을 잃은 노인의 짧은 머리카락을 닮았다. 노인의 은빛 머리카락이 바람에 가늘게 떨리는 것이 그때마다 반응을 보이는 자귀꽃과도 같다.

  6~7월에 꽃이 피는 자귀는 제주도 및 중부지방의 양지바른 곳에서 흔히 볼 수 있는 나무다. 어릴 적 우리는 자귀 꽃을 따서 머리 위에 얹거나 브로치처럼 만들어 가슴에 달고 놀았다. 커다란 나무의

우듬지마다 공작새 꼬리처럼 분홍 꽃술을 펼친 자귀꽃의 자태는 눈이 부셨다.

 소꿉친구 H네 집에는 자귀나무가 담장을 넘어 안마당을 채울 듯 가득했다. 부모님의 사이가 좋지 않아 동생들과 함께 시골로 보내졌다는 H는 우리 마을에서 조금 떨어진 이웃 동네에서 할머니와 함께 살았다. 또래에 비해 조숙했고 말수가 적었으며 표정은 늘 진지해 보였다. 그래도 그 집 안에서는 언제나 웃음소리가 왁자했다. 그 애는 시골뜨기인 우리와는 달리 차림새도 특별했다. 그래서 우리는 '서울 아이'라고 불렀다. 학교로 가는 길은 꼭 H의 집을 지나가야만 했다. H의 할머니는 허리를 구부린 채로 손녀를 배웅했다. 우리가 언덕을 넘어설 때까지 언제나 그 자리에 정물처럼 서 계셨다.

 자귀나무는 '사랑나무', '부부나무'로 부르기도 한다. 콩과에 속하는 자귀는 수분 증산을 억제하기 위해 낮 동안 마음껏 펼쳤던 나뭇잎을 밤이 되면 접는다. 해가 떨어지면 어김없이 잎이 오므라드는 것이 남녀가 끌어안고 있는 형상이라 하여 그리 불린다고 한다. 그런 식물 대부분을 '부부초' 또는 '사랑초'라고 부르는 것은 이 때문인 듯싶다.

자귀 나뭇가지를 꺾어 방에 꽂아두면 부부 금슬이 돈독해진다는 설도 있다. 이는 아름다운 여인에게 반한 청년이 그 집 마당에 피어 있는 자귀 꽃을 꺾어 사랑을 고백해 그녀와 맺어졌다는 이야기에서 비롯된다. 그러나 마냥 행복할 줄 알았던 그들에게도 시련이 없지 않았다. 장을 보러 갔던 남편이 술집 과부의 유혹을 뿌리치지 못하고 며칠씩 집을 비웠다. 아내는 남편의 마음이 떠난 것을 마음 아파하며 백일기도를 드렸다. 백 일째 되던 날 꿈속에 산신령이 나타나 마을 언덕 위에 핀 자귀 꽃을 꺾어 방에 꽂아두라고 일러주었다. 밤늦게 돌아온 남편은 항아리 가득한 자귀 꽃을 보며 아내의 사랑이 얼마나 지극한지를 깨달아 다시 행복하게 살았다는 이야기이다.

이런 설화 때문인지 우리나라가 원산지인 자귀나무는 많은 사람에게 사랑을 받으며 정원 등지에 관상용으로 즐겨 심게 되었다. 한방 및 민간에서는 자귀나무 껍질을 합환피合歡皮라 부르며 신경쇠약과 불면증, 갱년기 증상 등에 약용으로 활용하기도 한다.

지금은 남이 살고 있는 고향의 우리 집 굴뚝 옆에도 소담한 자귀나무가 있다. 어머니는 외할머니가 하셨던 대로 자귀나무 가지를 꺾어 배추밭에 꽂아 그늘을 만들고 그 잎이 진 다음에는 그것을 거름으로 사용하였다. 그리고 보면 자귀나무는 뭐 하나 버릴 것이 없다. 강한 독성 때문에 제초 효과도 본다 하니 농가에서는 더없이 유익한 나무가 아닐 수 없다.

  오늘도 요양병원 마당가에는 바람 쐬러 나온 노인들이 드문드문 그늘진 곳에 앉아 있다. 그들의 발끝 아래로 먼저 피었던 자귀 꽃이 스르르 떨어진다. 그 꽃잎을 주워 손바닥 위에 올려본다. 한낮의 뜨거운 열기를 견뎌냈던 자귀 꽃이 미세한 온기를 전해준다. H의 할머니 집 자귀나무는 지금 어떻게 되었을까. 문득 그 집의 아름드리 자귀 나무가 궁금해진다.

오죽헌의 맨드라미

키 작고 어린 나를 우습게 보고는 기어이 나로 하여금 저를 피해 다니게 만들었던 험상궂은 수탉. 잠시 방심한 틈을 노려 나의 등을 사정없이 쪼아대던 투사의 창끝 같던 부리. 나를 쓰러뜨리고 우쭐대며 마당을 배회하던 놈의 볏도 딱 지금 이 맨드라미와 닮았다.

문득 강릉의 바닷바람이 그리워 그곳으로 차를 몰았다. 딱히 어디로 갈 것이라고 정하지 않았는데도 오죽헌으로 마음이 닿았던 것은 무슨 까닭일까. 길을 가다가 예기치 않은 곳에서 머물기도 하려니, 굳이 의미를 부여할 일도 아니었지만 발길은 그 지점에서 꼼짝을 하지 않았다. 왜일까.

강릉의 오죽헌 입구에는 맨드라미가 유독 많았다. 신사임당의 아들 율곡 이이가 태어난 곳으로 알려진 이곳에 맨드라미가 지천인 것은 사임당의 그림과 관계가 있지 않을까 싶었다. 그림은 〈조충도〉 8폭 중 한 폭이며 이것이 상징하는 바는 벼슬길에 나아감을 의미한다.

맨드라미는 이처럼 예로부터 벼슬을 기원하는 꽃이었다. 그 꽃이 닭의 볏을 닮았고, 벼슬아치들이 쓰던 관모와 비슷하다 하여 벼슬길에 오른 이에게 맨드라미를 그려 선물하거나 울타리에 그것을 심어 과거 급제를 기원했다고 한다.

맨드라미는 비교적 서민적이고 재배의 역사가 오래된, 우리 주변에서 쉽게 접할 수 있는 친숙한 꽃이다. 쇠비름과의 한해살이 풀로 장독대 주변에 심으면 지네의 접근을 막을 수 있다는 속설도 전해진다. 지네는 사람이 먹는 된장을 좋아하여 항아리 뚜껑을 열고 된장을 볕에 말릴 때 그 속으로 파고 들어가 독한 분비물을 배설한다고 한다. 그것을 먹은 사람을 사망에 이르게 한다 하니, 닭 볏을 닮은 맨드라미를 심어 지네를 쫓아낼 요량이었던 것이다.

그림에서 본 사임당의 맨드라미를 떠올리며 오죽헌에 핀 그 꽃을 카메라에 담다가 융단처럼 부드러운 촉감의 꽃송이를 손바닥으로 쓰다듬었다. 영근 씨앗이 후두둑 바닥으로 쏟아졌다. 그때 고향집 담장을 불태웠던 맨드라미가 함께 떠올랐다. '닭벼슬꽃'이라 불렸던 꽃. 그런데 나는 아상하리만치 기분이 섬뜩했다. 키 작고 어린 나를 우습게 보고는 나로 하여금 저를 피해 다니게 만들었던 험상궂은 수탉. 잠시 방심한 틈을 노려 나의 등을 사정없이 쪼아대던 투사의 창끝 같던 부리. 기어이 나를 쓰러뜨리고 우쭐대며 마당을 배회하던 놈의 볏도 딱 지금 이 맨드라미와 닮았다. 동그랗게 눈을 부라리고 엉덩이를 씰룩대며 볏을 흔들던 녀석의 모습이 아직도 눈에 선해 몸서리가 쳐졌다.

만물의 영장이라 불리는 사람에게조차 거침없이 달려드는 수탉의 용맹성. 무모한 건지, 정말 용맹한 것인지. 수탉의 공격을 떠올리면 오래된 이야기 하나가 덩달아 떠오른다.

옛날 어느 나라에 무룡이라는 장수가 있었다. 그는 임금에 대한 충성심이 남달랐고 임금 또한 그를 신뢰하였다. 하지만 간신들은 임금의 자리를 노리며 왕의 신임을 얻고 있는 무룡을 음해하려 들었다. 무룡은 자신의 목숨보다는 임금의 안위를 먼저 걱정하는 신하였다. 그는 몸을 아끼지 않고 역도들과 맞서 싸우다 왕을 구한 후 전사했다. 얼마 후 그의 무덤에서 방패와도 같은 한 송이 꽃이 피어났으니 그것이 맨드라미였다.

    열대아시아가 원산지인 맨드라미는 그 쓰임이 다양하다. 무지개처럼 여러 가지 색으로 되어 있어 유난히 아름다운 잎맨드라미는 예부터 떡을 할 때, 고운 물이 든다 하여 애용되었고, 문살 사이에 그 잎을 넣고 창호지를 바르면 항상 맨드라미의 아름다운 색깔을 즐길 수 있었다. 나는 다양한 맨드라미 중 줄맨드라미를 좋아한다. 가는 새끼줄처럼 치렁치렁 늘어진 줄맨드라미는 부케를 만들 때 더욱 돋보이는 꽃이다. '시들지 않는 사랑'이란 꽃말을 가지고 있으니 새롭게 출발하는 이들에게 알맞은 꽃이라고 생각된다. 또한 나뭇가지로 구조물을 만들고 줄맨드라미를 이용해 장식을 하면 무척이나 세련된 작품이 된다. 우리에게 잘 알려지지 않은 덩굴맨드라미나 통맨드라미, 국수맨드라미도 보면 볼수록 남다른 매력이 느껴진다.

    잎은 어긋나고, 잎자루는 길며, 계란 모양의 피침

형인 맨드라미는 7~8월에 꽃이 핀다. 편평한 꽃줄기에 잔 꽃이 촘촘하게 피어난 꽃은 대부분 붉은 빛깔이나, 더러는 노란색과 흰색을 띤 것도 있다.

쪼그리고 앉아 맨드라미를 바라본다. 낮게 앉으니 마치 붉은 숲에 들어와 있는 기분이다. 불 켜진 촛대에 둘러싸여, 나는 아무 발원도 없이 강릉의 이른 가을바람과 마주한다. 또 다른 꽃말, '열정'의 붉은 기운이 이곳으로 달려온 나를 환영하는 듯했다.

백일 간의 여름사랑, 배롱나무

선비의 거처에 심은 것은 청렴을 상징한 때문이고 사찰에 심은 까닭은 도를 닦던 스님들이 어느 날 홀연히 떠나는 경우가 많았는데, 배롱나무를 보며 떠나간 도반을 그리워했다는 것이다.

배롱나무는 중국이 원산지로 꽃말은 '부귀'이다. 7월부터 9월까지 꽃이 피며, 그 꽃이 화려하여 가로수나 정원수로 으뜸이다. 추위에 약해 남부지방에서나 볼 수 있었던 배롱나무는 언제부턴가 전국 어디서든 만날 수 있게 되었다. '간지럼나무'로도 통하는데, 옅은 갈색의 매끄러운 수피를 살살 건드리면 나무가 흔들린다 하여 붙여진 이름이다. 나무가 간지럼을 타 '까르르'하고 웃는다는 것이다. 어렸을 때 우리를 잘 놀리곤 했던 아버지로부터 들었던 이야기로, 정말 그런지 알기 위해 '간지럼 나무'를 손톱 끝으로 살살 건드려보았다. 나무는 꼭대기에 있는 이파리까지 파르르 떨며 웃는 것 같았다. 감쪽같이 믿었지만 우리들의 착각일 뿐 배롱나무에는 그런 자극을 전달해 줄 신경세포가 없다.

배롱나무로 유명한 곳은 단연 담양의 명옥헌鳴玉軒이다. 명옥헌은 물 흐르는 소리가 옥이 부딪히는 소리와 같다 하여 이름 지어졌다. 조선 중기 명곡明谷 오희도吳希道가 자연을 벗 삼아 살던 곳이다. 그의 아들 오이정吳以井이 명옥헌이라는 정자를 지어, 건물 앞뒤에 네모난 연못을 파 그 주변에 소나무와 배롱나무를 심어 주위 경관을 아름답게 꾸몄다. 전라남도 담양군 고서면에 위치하여 해마다 여름이면 배롱나무를 만나기 위해 많은 인파들이 북적인다. 눈을 두는 곳마다 화사한 다홍색 꽃이 물결을 이루고 맑은 하늘과 맞닿은 몽실한 꽃무리로 황홀지경이 따로 없다. 마치 녹색 저고리에 꽃분홍 치마를 입은 수줍은 처녀의 아름다움을 만난 듯 광경에 흠뻑 빠져 하염없이 바라보게 되는 것이다.

배롱나무는 꽃을 백일동안 피운다 하여 백일홍이라고도 불린다. 허나, 꽃송이는 봉오리를 연 후 열흘 정도 피었다가 진다. 한 가지에 매달린 수백 개의 꽃이 번갈아 가며 하나씩 피고지고를 반복한다. 얼핏 한 송이의 꽃이 긴 시간을 유지하는 것으로 보인다.

배롱나무는 '떠나간 님을 그리워하다'라는 뜻을 담고 있다. 떠난 님을 그리는 애절함 때문일까, 배롱나무는 화사한 꽃잎을 더욱 짙게 물들인다.

예로부터 사찰이나 양반집 정원에 배롱나무를 많이 심었다. 선비의 거처에 심은 것은 청렴을 상징한 때문이고 사찰에 심은 까닭은 도를 닦던 스님들이 어느 날 홀연히 떠나는 경우가 많았는데, 배롱나무를 보며 떠나간 도반을 그리워했다는 것이다.

배롱나무 꽃이 질 때, 그것은 한 편의 시詩가 된다. 그 색 그대로 화려히게 지는 것이, 때가 되어 어쩔 수 없이 이별하지만 그 마음에는 변화가 없음을 보여주는 것 같다. 애련하기조차 하다.

파르르 떨고 있는 배롱나무를 감상하다가 문득 도종환의 시 〈목백일홍〉이 떠오른다. 사람의 인연을 노래한 시 같아서 자꾸만 새기게 되는 구절이다.

"피어서 열흘 아름다운 꽃이 없고 살면서 끝없이 사랑받는 사람이 없다"는 내용이다. 하지만 "한 여름부터 초가을까지" 백일 동안 피어 있는 꽃이 있고 평생 동안 사랑스러운 사람도 있다. 함께 있다가 돌아서면 그리워지는 게 사람이고, 꽃이 지면 다시 피는 것은 자연의 순리이다. '이렇다'하고 규정짓는 것은 인간만이 할 수 있는 일, 있는 그대로 인정하며 바라봐 달라는 시인의 간절한 마음으로 읽힌다. 꽃이 져도 변함없이 그 자리에 서 있는 나무가 아름답다 하지 않는가.

명옥헌의 배롱나무는 뜨거운 여름에 위풍도 당당하게 정원을 가득 채워가며 꽃을 피었다. 잠시 뜨거운 여름날을 잊고 그 안에 들어와 평안을 느껴보라 손짓하는 것만 같다.

맑은 진분홍 꽃잎을 렌즈 중앙에 두고 줌인Zoom—in해 본다. 활짝, 그가 웃는다.

감자꽃

화려하지 않아 눈에 띄지 않는 꽃, "당신을 따르겠습니다."
순종적으로 생겨서 붙여진 말일까. 바람에 흔들리는 하얀
감자꽃이 메밀꽃 부럽지 않게 어여쁘다.

출근을 하기 위해 의정부에서 양주로 가는 길이었다. 모처럼 시골길로 방향을 잡았다. 화원이 가까워질 무렵, 어느 집 밭에 핀 감자꽃을 본 나는 차를 갓길에 세웠다. 봄이 흔적도 없이 사라진 5월의 끝자락, 자동차문을 열고나오니 뜨거운 열기가 온몸을 감쌌다. 감자밭으로 가려면 도랑을 하나 건너야 했다. 밭으로 가는 길은 멀고 마음은 급했다. 사진기를 들고 무작정 도랑 쪽으로 향했다. 가까이 가서 보니 생각보다 꽃이 많이 피었다. 그대로 망원렌즈를 사용할까 잠시 망설였지만 어쩐지 무리를 해서라도 도랑을 건너야만 할 것 같았다.

도톰하고 노란 꽃술이 배를 쑤욱 내밀었다. 보라색 기운이 감도는 흰빛 꽃잎은 종이를 구겨놓은 것처럼 주름져 있고 크기는 백 원짜리 동전만 했다. 감자꽃의 꽃말이 문득 생각났다. "당신을 따르겠습니다." 화려하지 않아 눈에 띄지 않는 꽃, 순종적으로 생겨서 붙여진 말일까. 바람에 흔들리는 하얀 감자꽃이 메밀꽃 부럽지 않게 어여쁘다. 코를 갖다 댔다. 꽃을 보면 저절로 그리되는 건 습관에 가깝다. 별 다른 향기가 느껴지지 않는 감자꽃인데도 왠지 이만한 향기도 없다는 생각이 들었다. 감자꽃의 표정을 더 가까이에서 담아보고 싶었다. 카메라를 갖다대면 장난치듯 꽃이 움직였다. 바람의 작용일까. 사진기를 내려놓고 꽃들의 움직임을 그냥 지켜보았다.

별안간 감자가 먹고 싶어졌다. 감자조림, 감자볶음, 구운 감자, 찐 감자 등, 내가 감자를 먹는 방법은 몇 가지 안 되지만 알고 보면 감자를 이용한 음식은 의외로 다양하다. 감자껍질로 만든 감피차는 구수한 누룽지 냄새가 나고 그 맛이 좋아 마니아층이 따로 있을 정도다. 나는 냄비에 물을 가득 붓고 삶다가 마치 구운 듯 껍질이 바삭해졌을 때 손톱으로 껍질을 바쁘게 벗겨 후후 불어가며 먹기를 좋아한다.

녹말이 많아 주식과 부식으로 먹는 감자는 가지과에 속한 여러해살이풀이다. 보통 60~100센티미터까지 자라고 6월께 흰색이나 자주색 꽃이 핀다. 꽃이 지고 나면 열매가 맺는데 그 모양은 방울토마토를 닮았다. 하지만 그 맛은 무척 아리다. 감자는 색도 다양하여 색에 따라 홍영감자, 자영감자, 하령감자, 수미감자라고 불린다. 꽃색을 보면 '파보나마나' 어떤 감자인지 알 수 있다고 노래한 시인 권태응의 동시가 생각난다.

감자에는 칼륨과 항산화물질이 다량 함유되어 있어 '침묵의 살인자'라 불리는 고혈압에 좋다고 한다. 칼륨은 염분을 해독하고 배출시키는 데 효과가 있으며 부종을 치료하는 성분을 가지고 있다. 고기를 먹을 때 감자를 곁들이는 것은 고기가 체내에 산성화되는 것을 알칼리성 식품인 감자가 예방해 주기 때문이라고 한다.

또한 감자는 민간요법으로도 유용하게 쓰인다. 생감자를 화상 입은 곳에 갈아서 붙이면 열이 내리고, 자외선 노출로 인해 얼굴에 생긴 반점을 제거하며, 얇게 썰어 얼굴에 붙이면 주름이 줄어들고 미백효과에 탁월하다는 연구 결과도 나와 있다. 허나 감자가 아무리 몸에 좋다고는 하나 주의해야 할 점이 있다. 솔라닌이라는 독소가 있어 이를 먹으면 식중독을 일으키는데, 특히 감자의 싹에 많다.

곧 낮의 길이가 가장 길다는 하지夏至가 다가온다. 하지 전후 생산된 감자가 제일 맛있다는 말이 언제부터인가 귀에 박혀 있다. 퇴근길 마트에 들러 감자를 샀다. 입맛이 사라지는 초여름에 식욕을 돋우기 좋은 식재료로 나는 감자를 꼽는다. 제법 알이 굵은 여섯 개 중 네 개를 씻어 냄비에 앉히고 그것이 잠길 만큼 물을 부어 가스레인지에 올린다. 남은 두 개는 채를 썰어 소금 간을 해 볶음해 먹을 참이다.

감자가 익을 동안, 아침에 찍었던 사진을 들여다보았다. 천여 평은 됨직한 감자밭은 꽃으로 가득했다. 그동안 무심히 지나쳤던 감자밭 끄트머리에 앉아 햇살이 뜨거운 줄도 모르고, 시간이 가는 줄도 모르게 한참을 그렇게 앉아 있었다. 사진을 들여다보니 갑자기 예쁜 꽃을 그려보고 싶었다. 노트를 꺼내 사진 속 감자꽃을 스케치 했다. 그려놓고 보니 괜찮았다. 꽃송이에 포실포실 잘 익은 감자 냄새가 올라가 앉는 것 같았다.

  냄비 뚜껑을 열고 익은 감자를 접시에 담았다. 식탁으로 가져와 포크로 눌러놓고 껍질을 살살 벗겼다. 훈김이 코앞으로 올라왔다. 사방으로 번지는 구수한 냄새가 고향집 식탁을 그립게 만들었다. 혼자만의 식탁에서 나는 감자 두 알과 우유 한 컵으로 오늘 저녁식사를 대신할까 한다.

그 남자의 넋,
나팔꽃

나팔꽃은 보통 새벽 세 시쯤 꽃문을 열기 시작하여 두 시간
쯤 지나 활짝 핍니다. 그리고 점점 시들기 시작하여 그날
오후 3시쯤에는 기필코 지고 말지요.

출근길에 어느 집 테라스를 감고 올라와 활짝 핀 보랏빛 나팔꽃을 만납니다. 한번쯤 사진기에 담고 싶었는데 여러 번 망설이다가 오늘은 그 집 가까이에 차를 세우고 다가갔습니다. 얼핏 보면 메꽃과 생김새가 비슷해 보이지만 나팔꽃과 메꽃은 분명 다르더군요. 이 둘을 가장 쉽게 구분하는 방법 중 하나는 이파리를 보면 알 수 있어요. 나팔꽃은 이파리가 어긋나며 줄기와 잎 표면에 많은 털이 돋아 있고 심장모양으로 생겼어요. 털이 나 있는 것은 해충으로부터 자신을 보호하기 위한 수단이며 다른 물체를 감고 올라갈 때 미끄러지지 않게 하기 위함이래요. 잎 모양이 길쭉한 메꽃과는 정말 다르지요? 가만히 보면 꽃의 색도 나팔꽃이 훨씬 짙고 선명해요. 좀 더 힘차 보인다고 해야 할까요.

　나팔꽃은 보통 새벽 세 시쯤 꽃문을 열기 시작하여 두 시간쯤 지나 활짝 핍니다. 그리고 점점 시들기 시작하여 그날 오후 3시쯤에는 기필코 지고 말지요. 하루뿐인 생애, 한번 지면 꽃을 피우지 않고 그대로 땅에 떨어집니다. 미련 없이 목을 꺾고 마는 것이 절개 있기로 소문난 동백이나 능소화에 뒤지지 않을 것 같습니다.

　나팔꽃에 얽힌 이야기를 듣다보면 그 꽃의 성향이 짐작이 갑니다.

옛날 어느 고을에 원님이 부임했습니다. 원님은 마을에서 미인이라고 소문난 어느 화공의 아내를 욕심냈어요. 백성들의 원성 따위에는 아랑곳하지 않던 원님은 어뚱한 죄명을 씌워 화공의 아내를 옥에 가뒀어요. 화공은 억울한 마음을 하소연할 길이 없어 밤낮으로 허공만 바라보다가 미치고 말았어요. 집안에만 틀어박혀 그림 한 장을 그리기 시작한 화공은 그것이 완성되자 부인이 갇혀있는 옥으로 가, 그 담장 밑을 파고는 그곳에 그림을 묻었지요. 그런 후에도 자리를 뜨지 않고 하염없이 눈물만 흘리다가 그 자리에서 죽고 말았답니다. 그날부터 옥에 갇힌 부인은 밤마다 꿈을 꾸었고, 꿈속에서 남편은 아내를 찾아와 섧게 울다 사라지곤 했대요.

어느 날 꿈에서 깬 부인은 무언가 이상하다 싶어 창을 열고 밖을 내다봤어요. 그때 나팔꽃이 담장을 타고 올라와 바람에 흔들리고 있었지요. 부인은 그제야 원한에 사무쳐 죽은, 하루가 백년 같았던 남편의 넋이 나팔꽃으로 피어나 자신을 찾아왔다는 것을 알게 되었어요. 그 후 부인은 남편을 그리워하며 뜻을 굽히지 않고 끝까지 절개를 지켰다고 합니다.

누구보다 부지런하고 절개도 있는 나

나팔꽃은 아시아가 원산지이고 그 씨는 한방에서 약재로 많이 쓰입니다. 여러해살이인 메꽃과 달리 한해살이 꽃이고요. 재미난 것은 모든 덩굴식물이 그렇듯 주위의 물체를 감아서 위로 올라가는데, 나팔꽃의 경우 왼쪽으로 감고 올라가는 습성이 있다고 하네요. 그러고 보니 어렸을 적에 아버지한테 들은 기억이 납니다. 장난기가 발동한 나는 나팔꽃의 줄기를 풀어 오른쪽으로 돌려놨어요. 그런데 다음 날 신기하게도 나팔꽃은 다시 왼쪽으로 방향을 잡았더라고요. 가는 줄기가 꽃을 매달며 3미터 정도 뻗어나간다고 하니 이 또한 대단하지 않나요?

나팔꽃은 7~8월에 홍자색, 흰색, 붉은색 등 여러 가지 색깔로 피는 걸 볼 수 있습니다. 줄기와 잎자루 사이로 한 개 내지 세 개씩 꽃이 달리는 걸 보셨을 거예요. 꽃이 일찍 지는 나팔꽃은 다음 꽃이 피는 사이 열매를 매답니다. 꽃이 지고나면 세 조각으로 갈라지는 둥근 꽃받침통에 각각 두 개의 씨를 품어요. 늦게 열린 열매는 눈이 쌓이고 녹은 다음에 까만 씨앗을 땅에 떨어뜨립니다.

꽃봉오리를 자세히 들여다보면 붓끝을 닮은 걸 알 수 있어요. 또 꽃마다 수술은 다섯 개, 암술은 한 개씩 가지고 있군요. 오른

쪽으로 주름을 잡으며 나선 모양으로 말아 올라가 꽃을 피우네요. 큰맘 먹고 나팔꽃을 카메라에 담으려고 렌즈를 한껏 당겼지요. 나팔꽃은 투명한 이슬로 얼굴을 씻고 수줍게 웃습니다. 그 안에서 화공의 아내 얼굴을 잠시 본 듯해요.

실제로 보는 것과 달리 사진으로 보는 나팔꽃은 마치 그 중앙에서 불을 뿜어내는 것만 같았어요. 오랫동안 주시하면 눈이 부실 지경이에요. 활짝 핀 나팔꽃을 따서 아픈 곳에 대면 그 열기로 금방 고통이 사라질 것만 같더군요. 하지만 그러지 않기로 했어요. 몇 시간 후면 생을 다할 꽃을 무엇 하러 따겠어요.

꽃을 두고 돌아서는 마음이 퍽 아련해지네요. 그때 화공의 마음이 이랬을까?

내년에는 고향집 화단에 나팔꽃을 심어봐야겠어요. 벽에 줄을 매달아 병풍처럼 올려보고 싶어졌어요. 줄을 따라 친친 감고 올라가는 나팔꽃을 상상합니다. 아침마다 절로 힘이 나고 그래서 하루가 즐거울 것이라 생각하니 벌써부터 행복해집니다. 나팔꽃의 꽃말은 '덧없는 사랑', '기쁜 소식'이래요. 나는 기쁜 소식에 마음을 담았어요. 그러고 나니 힘찬 기운이 절로 몰려오는 것만 같습니다.

카네이션

작업대에서 밤늦도록 손을 놀리던 나는 잠시 일손을 멈추었다. 갑자기 가슴이 뻐근해왔다. 부모님께 카네이션 꽃 한 송이를 제때 바치지 못한 것이 끝내 마음에 걸렸다. 이제와 왜 이러는지 모를 일이다. 늦은 후회, 어둠이 짙은 창밖에 멍하니 시선을 놓는다. 그때 어머니의 목소리가 들려왔다.

카네이션 중에서 분홍색 카네이션은 영혼과 감성을 대변하는 꽃이다. 이는 기독교인들의 믿음에서 유래하였다. 십자가를 짊어진 예수를 보고 성모마리아가 흘린 눈물로 피어난 꽃이 분홍색 카네이션이라고 한다. 하여 모성애의 상징이며 어버이날에 애용하는 꽃이 되었다.

카네이션은 그 색이 화려하고 다양하여 어버이날 외에도 축하용 꽃에 자주 사용된다. 고대 그리스와 로마에서도 장식미술이나 각종 문양을 디자인 할 때 자주 애용하였다. 로마인들은 자신들이 가장 찬미하던 신의 이름을 빌려 '주피터의 꽃'이라 부르기도 했다. 그의 학명은 디안투스Dianthus, 그리스어로 dios는 신성한divine 을, anthos는 꽃flowers을 의미한다. 카네이션은 '신성한 꽃' '신들의 꽃'이라는 의미를 부여받았다. 꽃말은 그 색에 따라 다르나 크게, 빨강은 존경과 우정을, 흰색은 순결한 사랑을, 분홍은 당신을 절대 잊지 않겠다는 뜻과 함께 감사의 마음으로도 통한다.

다양한 색상으로 가정의 달뿐 아니라 일 년 열두 달 많은 사람들의 사랑을 받는 카네이션은 알맞은 화형으로 피어나 꽃냉장고 안에서 자신을 데려갈 주인을 기다리는 중이다.

나는 해마다 오월이 되면 다량의 카네이션을 장만한다. 해가 거듭되면서 그 양은 줄었지만 꽃을 하는 이들에게 이 일은 연례

행사와도 같다.

　절화용 카네이션은 스무 송이가 한 단이다. 나는 5월 초에 갖가지 색을 골라 서른 단쯤 구입한다. 아직 봉오리인 꽃을 손질하여 물에 담가놓는다. 정리된 카네이션은 가슴에 다는 코르사주, 소형 꽃바구니, 장식용 병 꽂이, 가격대 별로 양과 색, 디자인을 달리하여 만든 선물용 꽃바구니 등으로 나뉘어 제작되는데 더러는 다발용으로 분류되기도 한다. 디자인이나 크기, 색상에 따라 장식리본의 디자인이 달라지는 것은 당연하다.

　코르사주를 만들 때 대개 카네이션과 어울리는 소재로는 안개꽃과 라이스플라워 등 꽃송이의 크기가 자그마한 종種을 사용한다. 이는 디자이너의 취향에 따라 달리 선택되기도 한다. 잎 소재는 레몬 잎이나 아스파라거스, 측백나무 잎, 유스커스나 사철나무 등을 주로 쓴다. 레몬 잎은 이파리 한 장으로 충분히 배경을 살린다. 세련된 디자인도 기대할 수 있다. 하지만 일일이 와이어링wiring을 해야 한다는 번거로움이 뒤따른다. 나머지 잎 소재는 사용에 간편하기는 하나 예전부터 사용되었던 것으로 손님들이 식상해 할 수 있다. 그러나 이는 꽃을 다루는 이의 염려일 뿐 막상 손님들은 가격만 물어보고 디자인은 상관하지 않은 채 개수를 정해 계산한다. 꽃은 형식이고 실상은 용돈이 담긴 봉투나 자식

들 얼굴을 보여드리는 것이 큰 선물이 되기 때문이다.

꽃바구니를 만들 때는 되도록 같은 디자인을 피한다. 색상과 크기, 바구니의 모양도 달리하려고 애를 쓴다. 꽃바구니를 주문해 간 손님이 자신의 동서 것과 상품의 크기와 모양이 똑같았다며 실망 섞인 전화를 한 적이 있다. 그 후로는 개수를 떠나 되도록 다르게 하려고 노력한다. 가령 30대가 받을 꽃과 4,50대의 꽃, 그 이상의 부모님들이 받을 꽃들을 가늠하여 미리 마련해 놓은 패턴대로 만드는 것이다. 다양한 색상과 디자인을 고민하다가 문득 내 부모님께는 제대로 된 꽃 선물을 한 적이 없다는 사실을 알게 되었다.

서른 살이 넘도록 변변한 직업도 없이 시간만 파먹던 넷째 딸이 꽃집을 한다고 했을 때, 어머니는 매우 기뻐하셨다. 여자들에게 더할 수 없는 직업이라며 응원도 아끼지 않았다. 어머니는 평상시에도 집안에 꽃을 꽂아두기를 좋아하셨다. 시장이 파하면 막차 시간 전, 꽃집에 들러 한 다발의 꽃을 사 함께 사는 큰 며느리에게 건네곤 했다. 시장바구니 가득 담긴 패랭이꽃에 반해 나는 큰새언니를 질투한 적도 많았다. 선물은 며느리가 받았지만 꽃 관리는 어머니 몫이었다. 물을 갈아준다거나 시든 잎을 정리하는 일, 꽃병 주변을 정돈하는 일까지 어머니 차지였다. 내가 꽃을 좋아하는 것도 영락없이 어머니를 닮았다.

작업대에서 밤늦도록 손을 놀리던 나는 잠시 일손을 멈추었다. 갑자기 가슴이 뻐근해왔다. 부모님께 카네이션 꽃 한 송이를 제때 바치지 못한 것이 끝내 마음에 걸렸던 것이다. 이제와 왜 이러는지 모를 일이다. 늦은 후회, 어둠이 짙은 창밖에 멍하니 시선을 놓는다. 그때 어머니의 목소리가 들리는 듯했다.

화원을 하면서 알게 된 혜정이와 나는 친자매처럼 지냈다. 옆 동네 살던 그녀의 부모님은 내가 당신들의 딸이 되었으면 했다. 어머니는 "자식이 아무리 많아도 남에게 주기 싫다"고 크게 반대하셨다. 어머니 몰래 그 집을 왕래했다. 그분들의 생일이나 어버이날이 되면 혜정이를 통해 꽃바구니를 전해드렸다. 꽃집을 계약하면서 부모님께 꽃을 챙겨야지 했던 다짐은 상황과 거리 핑계로 지켜지지 않았다. 결국 부모님 가슴에 꽃 한 송이 달아드리지 못하고 그분들을 떠나보내고 말았다.

나는 혜정이네 집과 발을 끊었다. 그분들은 영문도 모른 채 서운해 했지만 내 부모님이 안 계신 중에 남에게 '어머니' '아버지'라고 하는 것이 영 죄스러웠다. 또 내 부모님께 전해드리지 못한 꽃을 그분들께 당연히 건네야 한다는 것도 불편했다.

가까운 날, 카네이션 꽃바구니를 들고 부모님 산소에 다녀와야 겠다. 번잡하지 않은 시간에 오로지 두 분만을 생각하며 정성스레 '바구니 꽃'을 꽂아 볼 참이다. 두 분께 드리지 못한 카네이션은 내 가슴 안에 숙제처럼, 앙금처럼 아직도 남아있다.

형주 씨의 정원

그녀의 정원에는 온갖 꽃들이 한창이었다. 보기만 해도 황홀한, 바람이 불 때마다 길쭉길쭉한 몸을 힘차게 흔들어대는 족두리꽃, 언제나 나의 가슴을 설레게 하는 봉숭아, 어두운 듯 밝고 멀리서 보면 반딧불이 같은 보랏빛의 천일홍, 그 색이 선명하고 꽃빛이 단단하여 더욱 슬퍼 보이는 백일홍, 줄기에 자글자글 잎을 달며 바닥을 기고 있는 채송화까지.

형주 씨는 도서관에서 우연히 만난 타샤 튜더의 『타샤의 정원』을 보고 감동했다. 그날 이후 타샤처럼은 아니더라도 자신만의 그럴듯한 정원 하나 갖는 게 꿈이었다.

타샤 튜더는 『비밀의 화원』과 『소공녀』의 그림을 그린 화가로 미국인이 가장 사랑하는 작가다. 그녀의 정원은 일 년 내내 꽃이 지지 않기로 유명하다. 18세기의 영국식으로 꾸민 정원은 전 세계 원예가들의 부러움을 받고 있으며 자연을 존중하고 삶을 사랑하는 타샤의 낙천적인 성격과 부지런함이 정원에 고스란히 배어 있다고 책에서는 소개한다.

형주 씨는 양주시의 B마을에 산다. 평소에 꽃을 좋아하는 그녀는 집 주변에 자투리땅이 생기면 꽃씨를 뿌렸다. 길을 가다가 거리의 코스모스나 봉숭아 등 솎아주어야 할 꽃을 보면 뽑다 자신의 화단에 심었다. 형주 씨가 꽃을 좋아한다는 것을 알고 있는 이웃들은 우정 모종을 가져오곤 했다. 봄부터 가을까지 그녀의 화단에는 꽃이 지지 않았다.

어느 비 오는 날, 그녀로부터 초대를 받았다. 감자와 옥수수를 삶았으니 함께 먹자는 것이었다. 머리도 무거운데 잘 됐다는 생각에 냉커피도 기대를 한다는 답장을 보내놓고 집을 나섰다. 세상은 온통 젖어 있었다. 심술궂은 태풍이 휩쓸고 간 농작물은 아무렇게나 쓰러져 보는 이를 안타깝게 했다. 집을 나서기 전 마음이 울적했던 것과는 달리 쓰러진 농작물을 보니 정신이 번쩍 들었다. 보이는 곳마다 한바탕 전쟁을 치른 듯 엉망이었다. 이럴 땐 우울도 사치다.

큰비가 그치면 농부는 시키지 않아도 밭이나 논으로 서둘러 나간다. 쓰러진 농작물을 바로 세우고 막혀버린 물길을 만들어 망가진 밭이나 논의 모양을 다시 만든다. 비가 그친 후에야 어느 곳이 엉성해서 무너졌으며 어느 곳이 튼튼하여 잘 견뎌냈는지를 알게 된다. 여름을 이겨낸 가을을 보면 포기나 절망 따위는 농부의 몫이 아닌 것 같다.

형주 씨는 40대 초에 남편을 먼저 보내고 아이들과 살고 있다. 그녀가 남편에 대해 이야기 할 때는 언제나 현재 진행형이었다. 그러니 그녀에게 남편의 부재는 짐작조차 할 수 없었다. 얼마 후 다른 사람을 통해 그녀의 남편에 대한 소식을 듣게 되었을 때 뭔가 크게 속은 기분이었다. 요즘은 이혼이나 사별이 흉이 아니다. 사별했다고 솔직하게 말한다 해서 남들에게 손가락질 받을 일도 아닌데 남편이 있는 여자처럼 행동하는 그녀가 왠지 마뜩찮았다. 어느 날 불쑥 찾아와 힘겹게 고백하기 전까지는.

남편은 예고도 없이 떠났지만 그녀는 아직도 남편을 보내지 않았다. 남편의 부재를 인정하는 순간 모든 것이 무너져버릴 것만 같아 겁이 났다고 했다. 금슬이 유난히 좋았던 탓이었을까. 형주 씨도 농부의 다짐처럼 남편이 가고 나서야 본인이 더욱 강해져야 함을 알았을 것이다. 그녀만의 삶의 방편으로 남편을 붙들어 두고 있었던 것이라는 생각에 미치자 잠깐 동안이었지만 그녀가 감추고 싶은 부분을 끄집어내려 했던 자신이 부끄러웠다. 또한 남편을 잃고 무너져버릴 것만 같은 가정을 꼿꼿하게 세우려 부단히 노력한 그녀가 대견스러웠다. 어떤 바람에도 흔들리지 않고 농사일만으로 아이들을 키우며 틈틈이 자신이 좋아하는 화단을 가꾼 그녀가 대단하고 멋져보였다.

그녀의 정원에는 온갖 꽃들이 한창이었다. 보기만 해도 황홀한, 바람이 불 때마다 길쭉길쭉한 몸을 힘차게 흔들어대는 족두리꽃, 언제나 나의 가슴을 설레게 하는 봉숭아, 어두운 듯 밝고 멀리서 보면 반딧불이 같은 보랏빛의 천일홍, 그 색이 선명하고 꽃빛이 단단하여 더욱 슬퍼 보이는 백일홍, 줄기에 자글자글 잎을 달며 바닥을 기고 있는 채송화까지.

고대 로마의 건축물이 연상되는 두 개의 굵은 기둥 사이로 나무대문이 있다. 기둥 옆으로 놓인 돌확에는 부레옥잠이 꽃을 피웠다. 생이가래와 개구리밥이 떠 있는 또 다른 돌확에서 작은 물고기가 놀고 있다. 문을 들어서면 옛 집의 냄새가 물씬 풍긴다. 습도가 높아, 이 집도 꿉꿉하기는 마찬가지지만 집안은 밖의 화단처럼 정갈하기 이를 데 없다. 군데군데 소녀적 인테리어도 돋보인다. 그녀가 주방으로 가 찻물을 끓이는 동안 나는 넓은 창문이 있는 곳으로 갔다. 내가 이름을 붙인 '형주 씨의 정원'이 한눈에 들어왔다. 창밖은 비가 내리고 있었다. 내가 걸어온 길 양 옆으로 이른 코스모스가 한껏 바람에 몸을 맡기고 멋대로 흔들렸다. 붉게 핀 봉숭아도 한창이었다. 해바라기도 명랑하게 얼굴을 내밀었다. 빗방울이 다시 굵어졌다. 옥수숫대가 바람에 휘청였다. 돌확에 파문이 일었다. 그 안의 물고기들이 빗방울을 따라 바삐 움직였다.

그녀는 냉커피보다는 따뜻한 밀크커피가 좋을 듯하다며 찻상을 내왔다. 감자와 옥수수에서도 커피향을 묻힌 듯 좋은 향내가 피어오르는 김을 따라 풍겨왔다. 내가 도착할 시간에 맞춰 감자랑 옥수수를 삶아낸 것이었다. 그녀가 내주는 방석에 앉아 그녀와 마주했다. 무엇 하나 대충인 것이 없는 형주 씨. 나는 그녀의 정원을 바라보며 달콤한 커피를 마셨다. 그때가 벌써 3년 전 일이다.

오늘 우리는 오랜 만에 문자 메시지를 주고받았다. 그녀는 여전히 나를 귀여운 아가씨라고 불렀고 나는 타샤를 떠올리며 그녀의 지금 모습을 상상해보았다. 그녀의 정원은 여전할까. 갑자기 조바심이 났다. 눈을 감고 그녀의 집을 그려나갔다. 그녀는 조만간 놀러오라고 했다. 나는 비오는 날이면 더 좋겠다고 답했다.

    그녀를 닮아 부산스럽지 않고 단정한 그녀의 정원, 나의 마음은 벌써 '형주 씨의 정원'으로 달려가고 있었다. 그런데 현관에 놓여 있던 남편의 신발은 어찌되었을까.

변함없는 마음, 백일홍

'변하지 않는 마음'이 있기는 한 걸까. 어차피 사람은 가고 오는 것, 기억하는 것만으로도 추억은 살아있다. 그는 백일홍 꽃에 앉은 탐스러운 벌을 사진기에 담으며 언제 그랬나는 듯 그 일에 열중하였다.

백일홍이 프린트 된 스카프를 선물로 받았다. 어떤 기념일도 아니었기에 뜻밖이긴 했지만, 모든 선물이 그렇듯 기분이 좋았다. 투명 비닐 포장에 담긴 스카프는 내가 좋아하는 푸른색으로 그림작가 정은숙 씨가 만든 것이다. 린넨 소재로 폭 50센티에 길이는 2미터 남짓, 고급스러움이 묻어났다. 양쪽 끄트머리에 마주 그려진 백일홍이 재크의 콩나무처럼 하늘로 치솟는 중이었다.

주황과 다홍 꽃이 녹색 이파리와 어우러진 스카프 속 백일홍은 금방이라도 나비가 날아와 앉을 법했다. 백일동안 붉게 핀 꽃이라 하여 그리 불렸다고 하지만 내 눈에는 천년만년 그 빛이 영원할 것만 같았다. 화무십일홍花無十日紅은 그 꽃에 빗댈 말이 아니었다.

한때, 운동을 함께 하던 친구 P가 양수리 두물머리로 드라이브를 가자했다. 사진 찍기가 취미인 그는 마침 연꽃이 좋을 때라며 촬영 차 가는 길에 함께하길 원했다. 한 여름이었고 날도 좋았다. 촬영 장비를 살피는 그의 손길은 무척이나 분주했다. 망원렌즈와 삼각대, 한손으로 들기 힘든 고가의 카메라. 연꽃 몇 송이 찍기를, 너무 요란 떤다는 나의 말을 그가 부는 휘

파람이 덮어버렸다.

그가 연꽃을 찍는 동안 나는 더위를 피해 근처 카페에 앉아 있을 참이었다. 카페로 가는 길에 백일홍을 만났다. 한 포기씩 계획적으로 심은 것이 아닌, 아예 코스모스처럼 씨를 뿌려 군락을 이루었다. 길 양옆으로 빼곡한 백일홍을 보며 나도 모르게 환호했다. 간혹 길가나 주택가 화단에 피어 있는 백일홍을 본 적은 있어도 백여 미터 꽃길은 처음이었다. 나도 모르게 휴대용 카메라를 꺼내 셔터를 눌러댔다. 고운 털을 입은 진녹색 이파리, 길쭉한 키. 노랑, 분홍, 빨강, 하양 등 분명한 색을 띤 백일홍을 멀리서 가까이에서 분주히 담아두었다. 언제 따라왔는지 인기척을 내며 P가 다가왔다.

그는 백일홍에 렌즈를 갖다 대며 제물로 바쳐진 연인을 위해 이무기와 싸우러 떠난 청년 이야기를 꺼냈다.

청년은 이무기를 물리치고 돌아오는 날 성공하면 하얀 깃발을 달고 오겠다는 약속을 하였다. 하지만 붉은 깃발을 달고 옴으로써 청년이 죽었다고 생각한 여인은 바다에 몸을 던졌다. 이무기를 칼로 찔렀을 때 피가 튀어 깃발에 붉은 핏물이 든 것을 청년이 미처 확인하지 못한 것이었다. 그 후 여인의 무덤에서 붉은 꽃이 피었고, 그 꽃이 백일홍이다.

P는 오래전 부모의 반대로 헤어져야만 했던 연인에 대해서도 입을 열었다. 이별 후 평생 혼자 살 줄 알았는데, 그녀가 떠난 자리에 더 좋은 사람이 들어와 앉더라는 것이었다. 인불백일호人不百日好, 세불십년장勢不十年長이란 말이 떠올랐다며, 사람의 마음이 가장 먼저 변하는 것 같다고 부끄러워했다. '변하지 않는 마음'이 있기는 한 걸까. 어차피 사람은 가고 오는 것, 기억하는 것만으로도 추억은 살아있다. 그는 꽃에 앉은 탐스러운 벌을 사진기에 담으며 언제 그랬냐는 듯 그 일에 열중했다.

백일홍은 국화과에 딸린 한해살이풀로 백일초라고도 불린다. 키가 1미터 가까이 자라며 꽃 모양은 둥글고 색은 다양하다. 그의 꽃말은 '인연', '우정'이다. 우정에 대한 향수를 느끼거나 그 우정을 다시 불붙이거나 기념하고 싶을 때 선물하는 꽃으로 알려졌다.

1500년대 초반, 멕시코의 황야에서 발견된 백일홍은 너무나도 볼품이 없었다. '눈엣가시'라는 별명은 그 때문에 붙여졌다. 하지만 오늘날 백일홍의 인기는 그 뜻을 무색하게 한다. 식물학자들에 의해 오랜 품종개량 과정을 거치면서 장식적인 품종의 꽃을 생산하게 되었다. 인생 여정에서 만나는 인연들을 상징하는 꽃으로 탄생시킨 것이다.

　이렇듯 백일홍은 선물할 때 어떤 색깔을 선택하느냐에 따라 그에 맞는 메시지를 전할 수 있다. 가령, 주홍색은 헌신, 흰색은 선한 마음, 노란색은 사랑하는 사람을 언제나 변함없이 기억하겠다는 다짐을 뜻한다. 또한 여러 가지 색깔을 혼합한 백일홍 부케는 떠나 있는 친구에 대한 걱정과 염려, 즐거웠던 순간과 지나가버린 날의 행복을 추억하는 마음을 대변하기도 한다.

　흔히 백일홍을 좋아하는 이를 우정을 중히 여기고 그리움에 잘 빠지는 성향의 사람으로 구분 짓는다. 친구들 사이에 신뢰감을 높이 사며 사교적인 인물로 통하기도 한다. 그에게는 과거의 기념품까지도 소중히 여기는 데가 있어 친구의 소소한 부분까지도 기억한다는 것이다. 정은숙 작가도, 친구 P도 그런 사람이라는 생각이 들었다.

　펼쳤던 스카프 끝을 잡고 반으로 접는다. 양면의 백일홍이 합장하듯 마주한다. 다시 반을 접는다. 햇빛을 받아 색깔이 선명해진 백일홍, 미처 피지 못한 봉우리가 금방이라도 활짝, 필 것만 같다. 나는 꽃이 잘 보이도록 가로로 반을 접고 또 반을 접었다. 만개한 송이와 피기 직전의 꽃 봉우리가 탁상용 액자를 끼우면 좋을만한 크기가 되었다. 탁자 위 그 모습을 사진기에 담는다.

Part III
모으다_가을

지금은
칸나의 계절

시원하게 뻗은 줄기와 넉넉한 잎으로 바닥부터 안정된 자세를 취하며 자라는 칸나는 붉은 꽃으로 정점을 찍는다.

칸나 지는 계절은 쓸쓸함이 스며든다. 오디오에서 흘러나오는 피아노 선율에도, 어쩌다 불어오는 산들바람에도, 어디선가 풍겨오는 커피 향에서도 그것이 느껴진다. 계절이 지나는 모퉁이마다 안개처럼 묻어나는 쓸쓸함. 이즈음 칸나를 보면 어쩐 일인지 외롭다든가, 고독하다든가 하는 아린 이미지가 먼저 느껴진다. 그런 날에는 바람을 타고 어딘가로 가고만 싶다.

출퇴근길에 멀리서 만나곤 했던 새빨간 칸나를 가을이 저무는 끝자락에서 만나게 되었다. 깊을 대로 깊어진 가을 어느 날, 칸나는 내 가슴팍에 슬며시 다가와 노을처럼 물들어갔다.

두 명의 그림작가와 소풍을 계획한 곳은 양주시 광사동에 위치한 '나리공원'이다. 자동차로 오가며 멀리서 바라봤을 뿐 직접 들를 거라는 생각은 하지 못했다. 가까이에서 보니 내가 보았던 칸나군락은 일부에 불과했다. 주변으로 천일홍이며 해바라기, 목화, 그리고 다양한 꽃밭이 먼 길 찾아온 방문객들의 수고로움을 보상하고 있었다.

양주시는 최근 5년 전부터 3만700여 평의 농지에 '체험관광농원'을 조성하였다. 전국 최대 규모의 천일홍군락과 세계의 다품종 목화, 백일홍, 가우라, 칸나 등 50여 종의 꽃들이 알맞은 자리에서 장관을 이루었다. 9월 하순부터는 꽃씨수확체험이 있으며 10월 중순까지 무료로 개방한다는 소식으로 이미 많은 이들의 발길을 부추겼다. 멀리에 있는 관광지를 떠올리며 거리와 시간을 탓하고 아쉬워했던 나는 방대한 정원을 앞에 하고 마주 서 있다.

 10월도 하순으로 접어든다. 겉옷을 걸쳐도 전혀 무거운 느낌이 없는 오후, 백일홍과 천일홍 밭을 지나고 코스모스 길을 따라 걷는다. 곳곳에 꽃씨를 수확하는 이들과 사진을 찍으며 계절을 만끽하는 인파들로 꽃밭은 넘실댄다. 우리는 정원의 끄트머리에 자리한 칸나 밭으로 향한다. 마음은 급하지만 걸음은 한가롭다. 가을이 주는 정취가 이런 것이었을까. 시간의 흐름을 알고 온 것처럼 우리 세 사람은 그 어느 것에도 제약을 주지도 받지도 않는다. 각자 하고 싶은 대로 주변을 둘러보며 길가에 핀 꽃들을 살피는 일 또한 잊지 않는다.

 칸나는 정자를 앞에 두고 무리지어 피었다. 이미 초록색 방울 열매를 매단 칸나와 찬바람에 움츠린 빨간 꽃끝이 온통 벌레들의 수난을 당하는 중이다. 꽃이 지는 것이 전혀 슬프다거나 아프지 않다는 것을 그 열매를 보고 느낀다. 자연의 순환 앞에서 잠시 숙연한 마음이 든다. 온몸에 꽃가루를 묻힌 꿀벌이 얼마 남지 않은 가을 한낮을 바삐 움직인다. 나는 사진기를 가까이 대고 꿀벌의 행적을 지켜본다. 꽃송이 깊숙이 들어갔다가 뒷걸음질쳐 나오는 벌의 종종걸음. 가을이 깊어졌음을 다시금 느낀다.

뿌리줄기로 번식하는 칸나는 가을에 캐 두었던 알뿌리를 거우내 보관했다가 다음 해 봄에 내다 심는다. 60여종의 원종이 분포하며 꽃은 노랑과 빨강이 주를 이룬다. 열대아메리카나 열대아시아 및 아프리카 등이 원산지이며 우리나라에서는 남부나 중부 지방에서 많이 볼 수 있다.

시원하게 뻗은 줄기와 넉넉한 잎으로 바닥부터 안정된 자세를 취하며 자라는 칸나는 붉은 꽃으로 정점을 찍는다. 한여름의 열기를 뜨겁게 불사르고 서리가 내릴 때까지 붉음은 지속된다. '행복한 종말'이라는 꽃말이 말해주듯 그에게서는 처절함이나 비굴함이 엿보이지 않는다. 변명이 뒤따르지 않는 그대로의 꽃. 순리에 순종하는 꽃들이 칸나뿐이랴마는, 강한 색을 두르고 한 계절 맘껏 즐기다가 벌레에게도 벌에게도 기꺼이 온몸을 던져주는 그를 보면 지나친 욕심이 얼마나 부질없는 짓이라는 것을 깨닫게 된다.

정자에 앉아 챙겨온 커피를 나눈다. 느리게 이동하는 구름의 행렬을 보며 검붉게 타오르는 칸나의 열정을 멍하니 바라본다. 10월의 끝에 붙어 있는 오후의 한가로움이 온통 이곳으로 기운다. 수첩을 꺼내 칸나의 상태를 메모하고 색을 기록하며 미묘한 색의 다양성을 적어둔다. 빨강색 치맛자락 끝을 두른 이채로운 노란 빛깔의 장식. 멀리서 볼 수 없는 정교함을 바로 눈앞에서 감상한다. 그냥 스치고 지나칠 수 있었던 색과 모양. 지는 것들의 아름다움을 확인하는 지금은 칸나의 계절이다.

은행나무의
가을

은행나무가 손톱만한 잎을 내밀 때부터 봄은 시작된다. 해가 갈수록 그들의 움직임은 전보다 빨라졌다. 잠깐 한눈을 팔고 나면 눈에 띄게 커져 있는 잎을 보게 된다.

투두둑!

　화원 마당의 은행나무가 문 두드리는 소리를 내며 잎을 떨군다. 며칠 전부터 기온이 부쩍 내려가는가 싶더니 노란 은행잎이 가는 바람에도 수많은 잎을 떨어뜨려 거리 곳곳에 쌓인다. 그럴 때마다 나는 마음이 급해진다. 딱히 무엇 때문이라고 말할 수 없으나, 왠지 무언가 빼놓고 가고 있다는, 어쩐지 서둘러야 할 것 같은 생각이 자꾸만 드는 것이다. 곧 닥쳐올 겨울을 준비해야 하기 때문인가 골똘히 생각해보지만 그도 아닌 것 같다.

　마음 같아서야 떨어져 바다를 이룬 은행잎들을 그대로 두고 즐기며 가을을 온통 보내고 싶지만 상가 사람들은 나의 그런 게으름을 용납하지 않는다. 꽃시장에 다녀오느라 출근이 평소보다 늦는 날에는 어김없이 내 화원 앞만 노란 잎이 깔려 있다. 널어놓은 속옷을 걷지 못하고 귀한 손님을 맞았을 때처럼 나는 화들짝 놀라 빗자루를 들고 서둘러 마당으로 뛰어나간다.

　요맘때가 되면 상가 사람들은 꼭 한마디씩 한다. 시청에 민원을 넣어 애물단지 같은 은행나무를 베어버리자는 것이다. 그러잖아도 사는 게 고되고 귀찮은데 마당 쓰는 일이 군일이 되어서야 쓰겠냐는 것이 이유였다. 의견을 모으러 왔을 때 나는 단칼에 반대했다. 이유를 물어왔지만 입을 굳게 닫고 그러면 안 된다는 듯한 표정만 내보였다. 낭만이니 자연보호니 외쳐대면 같잖다는 소리를 들을 게 뻔했기 때문이다. 게다가 '가을에는 마당 쓰는 게 좋아요'라고 솔직하게 말한다면 분명 '재수 없는 여자'라고 손가락질까지 할 것이다. 그러니 나는 되도록 입을 꼭 다물고 하고 싶은 이야기를 목 안으로 여러 번 삼켜야 했다.

  은행나무가 양주시 남면 개나리 18길에 심어진 지도 열여덟 해가 되었다. 그들은 은행나무를 심으며 20~30년 후쯤 은행잎이 물결치는 가을의 도로를 달리는 낭만을 꿈꾸었으리라. 차가 달리면 그 속도대로 쪼르르 날리며 한 동안 자동차 뒤꽁무니를 따라갈 은행잎도 상상했을 것이다. 사는 일이 아무리 각박하다고 해도 마당에 은행나무 한 그루 세워둘 여유조차 없진 않을 텐데 가뜩이나 짧은 가을에 떨어지는 은행잎이 귀찮아 나무를 베어 없앨 생각부터 하는 상가 이웃이 나는 못내 서운했다.

  나는 주로 꽃꽂이용 작업대에서 마주 보이는 은행나무를 보며 계절을 맞는다. 나뭇가지의 흔들림으로 바람의 세기를 점치고 그런 후에 비가 올 것인지, 더 큰 바람이 따라올 것인지도 경험을 통해 알게 되었다. 은행나무가 손톱만한 잎을 내밀 때부터 봄을 느낀다. 해가 갈수록 그들의 움직임은 전보다 빨라졌다. 잠깐 한 눈을 팔고 나면 눈에 띄게 커져 있는 잎을 보게 된다. 나무야 자라는 정도를 느리게 가늠할 수 있지만 잎의 변화는 이렇듯 하루 하루 다르다.

　모처럼 한가한 주말이다. 출근하여 한 자루의 잎을 쓸었는데도 노란잎이 다시 마당에 가득 쌓여 있다. 이제 나무도 삼분지 일의 잎을 떨궈냈다. 인간들이 그 나무 밑에서 나무를 없애느냐 마느냐를 두고 난상토론을 하든 말든 은행나무는 묵묵히 내년의 푸름을 위해 달디단 겨울잠에 들 준비를 서두르는 것이다.

　한 차례 또 세찬 바람이 지나간다. 투두둑! 작업대에서 꽃을 다듬던 나는 통유리 너머를 내다본다. 다시 은행잎이 무수하게 떨어진다. 마당에 내놓은 꽃모란 위에 금세 소복이 쌓인다. 지는 국화꽃 위에도 앉고, 살랑거리며 몇 송이의 꽃을 매단 애플세이지 가지 사이에도 몇 잎이 꽂힌다. 바람은 다시 그들을 건드리며 지나간다.

　지금 이대로가 좋다. 사람이든 식물이든 모두 자기 자리에서 본분을 다 하고 있는 모습이 아름답다. 부는 바람에 떨어지는 잎이 자동차 앞 유리창에 흩뿌려지기도 하고 화단 모퉁이에도 제 맘대로 앉게 하고 싶다. 잎이 떨어지는 가을만 있는 것이 아니라 뜨거운 여름, 그늘이 한 마당 들어선다는 것도 그들이 잊지 않았으면 한다. 심을 때 뜻이 있었던 것처럼, 커가는 나무를 보며 아름다움을 느낄 여유를 가졌으면 하는 것이다.

　간신히 또 한 해를 잘 버텨준 나무, 이 가을 내 마음이 바빴던 이유는 은행나무가 처한 위태로움에 있었던 것이다. 천 년 넘게 한자리를 차지하고 있다는 용문사의 은행나무처럼 백 년도 살지 못하는 인간의 입방아 따윈 모두 무시하고 묵묵히 버텨주길 바란다면 욕심이 지나친 것일까.

코스모스와의 작별

코스모스는 고개를 숙이고 꼿꼿하게 선 채로 얼어 있었다. 어제까지도 멀쩡했던 꽃들이 하룻밤 사이 허망하게 꺾이고 말았다. 화려한 여름날 꽃에 앉은 나비처럼 성스러운 꽃잎을 살포시 접고 얼어붙은 이파리 위에서 다소곳이 고개를 숙인 것이다. 절명絶命이었다.

시절 없이 피는 꽃이 어디 한두 가지랴마는 웬일인지 코스모스만 보면 길을 가면서도 자꾸 뒤를 돌아보게 된다. 조그만 움직임에도 대책 없이 흔들리고 마는 꽃. 저렇듯 시도 때도 없이 흔들리는 것을 보면 마음이 딱하기도 하고 어떤 땐 기분이 언짢기도 하다. 엄마의 손을 놓친 어린 아이를 보는 것도 같다. 산꼭대기 비좁은 도로가에 피어 더욱 그런 생각이 드는 것일지도 모른다.

구파발 꽃시장에 갈 일이 있으면 나는 장흥 길을 이용하곤 한다. 가장 높은 산꼭대기에 길을 따라 코스모스가 피어 있다. 한 사람쯤 간신히 지날 수 있는 좁은 인도 옆, 나는 비탈진 갓길에 차를 세우고 코스모스가 있는 길을 따라 걷는다. 지나가는 차가 속력을 내기라도 하면 길을 걷는 사람도 코스모스도 따라서 휘청거린다.

길쭉한 키로 주변의 다른 잡초를 희롱하는 동네의 꽃들과 달리 작고 가녀린 산길의 코스모스이기에 마음이 더 가는지도 모르겠다. 산 아래 동네의 꽃은 벌써 씨앗을 몇 차례 매달았다. 그런데 장흥 산길의 코스모스는 50센티도 안 되는 작은 키로 11월에 접어든 지금까지 철없는 꽃을 떠받치고 있다.

코스모스는 신이 만든 최초의 꽃이며 수많은 꽃을 만들기 위해 실험한 꽃에 불과했다. 원래 고산지대에서 자라는 코스모스는 그 덕분에 종류가 다양하다고 한다. 다른 꽃들과 달리 코스모스에게 진한 향기를 주지 않은 것은 그나마 다행일까. 장미나 백합의 질투를 이기지 못하고 존재조차 사라질 위험에서 건져준 것은 신의 배려였을지도 모른다. 신은 코스모스를 만들고 실패작이라고 말했다지만 코스모스는 자신의 모습에 만족하는 듯 바람의 방향에 따라 이리저리 흔들리며 주변의 풀들을 기웃거린다. 미세한 바람에도 쉴 새 없이 반응을 보이는 코스모스를 보며 지조 없다고 생각한 적이 있다. 하지만 그의 타고난 겸손이 부럽기도 하다.

코스모스를 두고 이러저러 말할 주제는 못되지만 나는 그 꽃이 마뜩찮을 때가 많다. 모란의 고고함만큼은 아니더라도 그 고운 색으로 새침 떨며 자신의 자존심을 굳혀도 좋을 것이라고 생각했다. 하지만 코스모스는 주변의 나무나 잡초의 움직임에 어김없이 살랑대며 아는 체를 하니, '살살이 꽃'이라고 불렸는지도 모른다.

인간관계에 서툰 나로선 코스모스를 보며 많은 생각을 하게 된다. 마음에 차는 사람만 가슴에 넣으려는 경향이 있는 나는 주변에 사람이 별로 없다. 여러 사람을 두루 사귀어 발을 넓히는 것이 좋으련만 이 사람은 이래서 안 되고 저 사람은 저래서 꺼려지는 것이다. 그래서 세상으로 내딛는 발길이 무겁기만 한지도 모르겠다. 사람들은 내게 '까칠'하다고 서슴없이 말하곤 한다. 정해진 정답이 버젓이 눈앞에 서 있는데도 굳이 내 고집대로 살아와서일까. 타협이 불가능한 사람처럼 생각을 흩트리려하지 않았던 것이다. 세상이 아무리 변했다고 하나 독불장군은 여전히 환영받지 못한다. 잘 나지 않은 이가 없고 귀하지 않은 이 또한 없다. 소나무의 이기심이 다른 식물을 가까이 오지 못하게 하는 것만 보더라도 코스모스의 친화력은 높이 평가받을 만하다.

어느 곳에 서 있어도 다른 잡초들과 다양한 조화를 이루어내는 코스모스는 언제든 혼자 튀는 법이 없다. '소녀의 순정'이라는 꽃말 때문이 아니더라도 코스모스를 볼 때면 수줍은 소녀의 얼굴이 떠오르고 해맑은 웃음소리가 들리는 것만 같다. 가운데 노랑꽃술을 두고 여덟 개의 주름진 꽃잎이 촘촘히 박힌 것을 보노라면 태양을 중심으로 돌아가는 우주를 보는 것도 같다.

11월 한파가 몰려왔다. 기온이 갑자기 영하권으로 뚝 떨어졌다. 새벽녘, 나는 장흥길의 코스모스가 염려되어 꽃시장을 핑계로 자동차에 시동을 걸었다. 가로등 불빛에 비친 길가의 풀들이 된서리를 맞아 그대로 주저앉았다. 마음이 바빠진 나는 언덕을 치고 오르며 바깥차선으로 차를 몰았다.

　차에서 내려 코스모스에게 다가갔다. 코스모스는 고개를 숙이고 꼿꼿하게 선 채로 얼어 있었다. 어제까지도 멀쩡했던 꽃들이 하룻밤 사이 허망하게 꺾이고 말았다. 바닥을 향해 모조리 고개를 떨어뜨렸다. 화려한 여름날 꽃에 앉은 나비처럼 성스러운 꽃잎을 살포시 접고 얼어붙은 이파리 위에서 다소곳이 고개를 숙인 것이다. 절명絶命이었다.

　자신의 모든 것을 순리에 맡기고 몇 알의 씨앗으로 내년을 기약했을 코스모스. 아직 제 빛깔을 잃지 않아 더욱 애처로웠다. 자연의 섭리라고는 하나 꽃이 지는 자리에서 나는 못내 숙연해졌다. 5분여 시간이 지났을까. 한기를 느낀 나는 차에 올라 유리 너머로 서리 맞은 꽃을 내다보았다. 생을 다한 코스모스들이 머리 숙여 내게 작별인사를 고하는 것 같았다. 속도를 줄이고 될수록 천천히 그 곳을 빠져나왔다.

꽃무릇,
만날 수 없지만
늘 함께하는

자신의 시간에 충실한 꽃무릇. 조금 늦어도 다그침이 없고 기다린 만큼 그 꽃은 눈이 부시다. 꽃은 꽃대로 잎은 잎대로 제 역할을 다하는 것이다. 자연의 섭리는 언제나 인간의 해석을 넘어선다.

　　　　　　　　　일주문 가까이 다가갔을 때, 일렁이는 붉은 물결이 나의 시선을 붙잡았다. 꽃무릇이었다. 단정한 자태로 백여 미터쯤 길게 늘어서서 그 빛깔을 자랑하는 중이었다. 차를 세우고 종종걸음으로 다가갔다. 연녹색의 매끈하고 가는 줄기를 타고 올라온 적색의 절정. 고양이 수염 같은 꽃술이 꽃잎 밖으로 비집고 나와 앙증맞게 피어올랐다. '꽃무릇'은 화엄사로 향하는 어둑한 산길에 등불처럼 그렇게 서있었다.

　그날 안개비가 내렸다. 그 덕에 사하촌의 저물녘은 점잖게 회색빛으로 내려앉았다. 때마침 '산사음악회'가 열리는 날이었다. 산길을 오르는 이들을 마냥 올려보내며 꽃무릇이 한창인 길가를 서성였다. 붉은색 꽃은 회색빛에 감싸여 묘한 감흥을 일으켰다.

　꽃무릇을 처음 본 것은 10년 전쯤, 산자락을 온통 붉게 물들였던 선운사에서였다. 그저 '좋다'만 연발했다. 대뜸 할 수 있는 표현의 전부였을 것이다. 그때 나는 얼마만큼의 시간이 흐른 다음에라야 꽃의 설명이 가능하다고 생각했다. 며칠이 지나자 비로소 꽃에 대해 의문이 생겼고, 그것에 관해 알고 싶어 도감을 펼쳐들었다.

　추위에 약한 꽃무릇은 중부 이북에서는 월동이 어려운 곳이 많다. 서울의 경우, 볕이 잘 들고 습기가 유지되는 화단에서나 관상이 가능하다. 서해안과 남부지방의 사찰에서 쉽게 볼 수 있는 꽃으로, 이 식물에서 추출한 녹말은 불경을 제본하거나 탱화를 만들 때 이용된다. 석산石蒜이라고도 불리며 상사화라고도 알려졌다. 꽃과 잎이 동시에 만날 수 없어 붙여진 이름이라 한다. 하지만 수선화과의 여러해살이 풀인 꽃무릇은 상사화와는 다른 꽃이다. 상사화와 석산에 '무릇'이라는 공통된 별칭이 붙은 것과, 꽃이 진 후에야 잎이 나는 것은 같아도 두 식물은 꽃 색이 다르고 꽃이 피는 시기도 다르다. 여름에 분홍색의 꽃이 피는 상사화와 달리, 석산은 9월 중순쯤 적색의 화사한 꽃을 피운다. 또한 열매를 맺는 상사화와는 다르게 꽃무릇은, 향기가 없어 벌과 나비의 관심 밖에 있는 꽃이다.

  핏물처럼 붉은 빛깔의 꽃과 비늘줄기가 품은 독성 탓에 석산은 '죽음의 꽃'으로도 알려졌다. 꽃말은 죽은 사람을 그리워하는 '슬픈 추억'이며 또 다른 꽃말은 '참사랑'이다. '이루어질 수 없는 사랑'으로도 전해지지만, 나는 생각이 조금 다르다. 같이하지 않는다 하여 그 사랑이 거짓일 리 없고 함께 할 때만이 그 사랑이 온전하다고 보지 않는다. 마음이 닿아 있으면 흔들림이란 있을 수 없다. 달이 기운다고 그 달이 없어지는 것이 아니듯, 해가 져도 다음 날 그 태양은 다시 떠오른다. 눈앞에 당장 보이지 않아도 존재는 반드시 존재한다는 나름의 해석을 덧붙이게 된다.

꽃무릇은 이파리와 나란히 한 철을 같이 하지 않아도 서로의 역할을 위해 그들의 시간을 기꺼이 채운다. 꽃은 더욱 붉고 이파리는 짙은 푸른빛을 지닌다. 자신의 시간에 충실한 꽃인 꽃무릇. 조금 늦어도 다그침이 없고 기다린 만큼 그 꽃은 눈이 부시다. 꽃은 꽃대로 잎은 잎대로 제 역할을 다하는 것이다. 자연의 섭리는 언제나 인간의 해석을 넘어선다.

곧 음악회가 시작 되려는지 산사로 오르는 사람들의 발걸음이 뜸해졌다. 꽃무릇에 취해 정해놓은 시간을 마냥 흘려보냈다. 돌아갈 길이 바빠 화엄사는 다음으로 기약을 미뤘다. 단풍이 절정에 이를 때 다시 찾아오리라. 꽃무릇은 그때 잎만 무성하겠지. 나는 다음 차례인 잎을 올리기 위해 기다리는 석산의 꽃처럼 일주문 앞에서 아쉬운 마음을 돌렸다. 이별은 끝남이 아닌, 다음번을 위한 기약이다. 만남이 소중하면 이별도 아름답다는 생각을 하면서 왔던 길로 돌아나온다.

향기가 있는 언덕, '허브힐'

아름다운 것들에 대해 생각한다. 음악이나 미술, 문학이나 건축물이나 아름답지 않은 것은 세상에 없다. 식물은 앉은 자리에서 제대로 자라야 아름답다. 씨도 꽃도 제 계절에 그 자리에서 볼 수 있어야 한다.

살갗을 태울듯 볕 따가운 어느 여름날, 나는 그림작가 정은숙 씨와 함께 미리약속한 '허브힐'에 도착했다. 그곳은 생태식물원으로 경기도 양주시 남면 황방리에 자리하고 있다. 나는 주인인 최혜경 원장을 취재하고, 그림작가는 허브힐의 전경과 그곳에 자라고 있는 식물을 스케치하기로 했다.

우리가 도착했을 때 최혜경 씨는 챙이 넓은 모자를 쓰고 식물원의 꽃을 손질하는 중이었다. 그의 주변에는 용도가 다른 여러 개의 바구니가 군데군데 놓여 있었고, 씨를 받기 위한 플라스틱 그릇도 여럿 보였다. 왜 하필 뜨거운 한낮에 일을 하느냐는 나의 질문에 식물을 관리하는 데 특별한 때가 있는 게 아니라며 자신이 들고 있는 호미며 식물을 보여주었다. 쉼 없이 관리를 해야 한다는 뜻인 듯했다. 그러고 보니 화원 일과 다르지 않았다.

감악산과 붙어 있는 식물원은 두더지와 고라니, 멧돼지의 출현이 빈번한데, 녀석들을 막을 수 있는 방법이 따로 없다고 했다. 그저 그들이 망쳐놓은 공간을 정리하는 일이 시급할 뿐이라는 것이다. 이야기를 듣고 보니 대책 없이 어지럽혀져 있는 바늘꽃과 키가 제법 큰 접시꽃이 눈에 들어왔다. 울타리를 쳐도 소용없단다. 그들이 짓밟아놓고 간 자리를 보면서 헛웃음을 칠 때가 한두 번이 아니라며 또 헛웃음을 친다. 롤러로 밀어버린 듯 납작하게 눌린 곳이 간간이 보였다.

최혜경 씨는 음대를 나와 인천시향에서 연주를 했던 바이올리니스트이다. 그가 양주의 구석진 산기슭에 허브 농장을 계획한 것은 평소 자신이 직접 가꾸고 꽃피울 수 있는 아담한 정원을 꿈꾸면서부터였다고 한다. 그의 부친은 식물학자이며 우리나라에 허브를 최초로 들여온 최영전 씨다. 허브에 관한 권위자이며 관련 책도 여러 권 출간하였다. 그가 정원을 꾸리고 싶었던 데에는 아버지의 영향도 컸다.

허브힐은 2006년에 처음 문을 열었다. 주변의 다른 식물원에 비해 규모는 작은 편이나 3천여 평의 언덕을 일구어 모양을 만들기까지 5년여의 시간이 걸렸다. 주차장 옆으로 정원이 자리했다. 그곳에는 초여름부터 늦가을까지 꽃을 피우는 장미원과, 수경식물을 즐기고 관찰할 수 있는 연못정원이 있다. 그 외 50여 종의 허브들이 자라고 있는 허브 표본원, 원예종 허브들로 구성된 놋트가든Knot garden, 각종 자생화 및 원예종 꽃들로 구성된 플라워가든Flower garden, 30여 종의 허브들로 구성되어 있는 식용 허브원 등이 짜임새 있게 자리잡고 있다. 거기에 100여 평의 공간을 온실로 만들어 아열대성 허브와 추위에 약한 식물들의 겨울나기를 돕고 있다. 허브샵과 허브카페는 그곳을 찾는 이들의 즐거움을 한껏 부추긴다. 허브힐의 전경을 한눈에 내려다볼 수 있는 야외 데크에서의 캐모마일 차 한 잔은 언제부턴가 여유로움의 상징이 되었다. 허브힐의 차는 모두 유기농이며 원장인 최혜경 씨가 직접 만들어 판매한다.

확고한 철학이나 사명감 없이는 부딪는 일조차 어려운 것이 식물원 일이다. 최혜경 씨가 식물학자인 아버지 밑에서 식물을 가까이 하였고, 귀로 눈으로 익힌 식물들이기에 지금의 허브힐이 가능했다는 생각이 든다.

그곳에는 키가 2미터가 넘는 머레인을 비롯하여 300여 종의 허브가 있으며 야생화도 100여 종이란다. 그 외 에키네시아나 장미 등 다양한 꽃의 수도 100여 종이 넘는다는데 여자 혼자 가꾼 농장이라는 것이 믿기지 않는다. 대학교수인 남편이 쉬는 날, 도와준다고는 하나 거의 혼자서 꾸려간다. 뿐만 아니다. 그는 짬짬이 강의를 한다. 출강은 물론 식물원 한쪽에 체험실을 만들어 허브를 이용한 양초와 화장품, 오일 등을 체험할 수 있도록 장소를 개방하고 있다. 또한 교육농장도 함께 운영한다. 농장의 학습목표는 '씨앗에서 씨앗까지From seed to seed'이다. 씨앗을 뿌려 꽃을 보고, 열매를 맺게 하여 또 다시 씨앗을 받는 것까지의 과정을 보여준다. 내가 허브힐을 자주 찾는 이유는 여기에 있다. 요즘도 허브힐에는 교육에 관심을 둔 체험생들이 하루 20~30명씩 찾아온다.

최혜경 씨에게 식물원을 하게 된 동기를 물었다. '꽃을 너무 사랑하므로'라며 멋쩍게 웃었다. 허브힐은 일반 허브 농장과 다른 점이 있다. 식물의 생태를 시기에 맞게 보여주는 식물원이다. 봄에는 씨를 뿌리고, 여름에 꽃을 보며, 가을에는 결실을 즐긴다. 사계절 어느 때 찾아가도 계절을 벗어난 꽃을 구경할 수 있는 식물원이 아닌, 전혀 인위적이지 않은 자연 그대로의 생태를 관찰할 수 있는 곳이다.

꽃이 없다고 식물이 없는 게 아니다. 꽃이 지고 나면 볼 것이 없다고 불만인 관람객에게 "가만히 들여다보세요. 수백여 종의 꽃이 숨쉬고 있어요. 느껴지는 게 없나요?"라고 당당하게 말하던 최혜경 씨가 작은 키에 단단한 모습으로 내 곁에 서 있다. 허브힐은 식물에 농약을 치지 않는다. 풀은 손으로 직접 뽑고 심한 곳은 낫으로 벤다. 언제든 누구라도 그곳에 들러 꽃을 감상하고 식용 허브 등 그곳에 있는 열매들을 맛보고 느낄 수 있도록 배려한 이유다.

우리는 장미원으로 발길을 돌렸다. 그곳 가까이에는 정자가 놓여 있다. 한낮의 태양을 피할 요량이기도 했지만, 정자에 앉아 그가 가꾼 정원을 멀찍이서 감상하기 위함이다. 아치를 타고 오르는 장미넝쿨을 카메라에 담으며 뒤늦게 핀 장미꽃의 향기를 느껴본다. 최혜경 씨는 언젠가 나에게 선물했던 장미차에 대해서 설명한다. 건너편의 허브도 식용과 약용 등 구분을 지어 심어놓은 거라며, 손가락으로 방향을 잡아준다. 그의 손가락 끝에 보라색 버베나 꽃이 한창이다.

아름다운 것들에 대해 생각한다. 굳이 구분을 지어 나눌 필요가 없지 싶다. 음악이나 미술, 문학이나 건축물이나 아름답지 않은 것은 세상에 없다. 식물은 앉은 자리에서 제대로 자라야 아름답다. 언제나 인간의 이기가 자연을 훼손해 왔다. 씨도 꽃도 제 계절에 그 자리에서 볼 수 있어야 한다. '내 집 앞에 심어놓은 꽃을 남들도 즐기고 나처럼 행복해졌으면 좋겠다'는 최혜경 씨의 소원을 나도 함께 빌어본다.

음악을 하며 40여 년을 보낸 그가 끝내는 자신이 좋아하는 일을 위해 바이올린을 내려놓았다. 교회에서 가끔 연주를 하기도 했다지만 이젠 바이올린 연주보다는 식물을 가꾸는 일이 더 즐겁다며 손등으로 연신 흐르는 땀을 닦는다.

오늘 중 마무리할 일이 있다면서 그가 일어선다. 아무래도 시간을 많이 빼앗은 듯하다. 모자를 눌러 쓴 그가 우리에게 잠깐 기다려보라고 한다. 잠시 후, 감자와 상추를 담은 소쿠리를 보여주며 별 것 아니지만 집에 가져가 먹으라며 건네준다. 고라니와 멧돼지가 언제 나타나 밭을 망쳐놓을지 몰라 넉넉하게 심었다며 우리들의 손이 미안해하지 않도록 마음을 써준다.

농장을 걸어나오며 그림작가의 스케치북을 건너다본다. 스케치한 꽃에 어떤 색의 이야기가 입혀질지 벌써 궁금하다.

화방사우
花房四友

가시제거기가 국화잎을 다듬고 장미잎을 떼어낸다. 나는 왼손에 수국과 장미를 잡고 사이사이에 알스트로메리아와 안개를 나선형으로 두른 후 자주색 소국을 덧댄다. 가위가 기다렸다는 듯 손잡이에서 20센티 가량을 남기고 줄기를 사선으로 자른다. 미리 마름해놓은 포장지가 전체적인 표정을 살리며 재빨리 꽃들을 끌어안는다. 뒤를 이어 리본이 자기 자리를 찾아 납작 등을 들이민다.

갑작스럽게 내린 눈으로 화원이 한가하다. 지루함을 달래려 화원 안을 둘러본다. 비교적 정돈이 잘 된 진열대 위에는 크고 작은 여러 종류의 식물들이 외출을 꿈꾸며 싱그러움을 내뿜고 있다. 거기에 비해 작업대는 늘 어수선하다. 크든 작든 한 가지 일이 끝나면 주변은 쓰레기들로 너저분해진다. 댕강댕강 잘려나간 줄기며 잎, 꽃잎들이 바닥에 널브러졌다.

오전 중 한 차례 소임을 마친 가위가 작업대 위에 의젓하게 앉아 있다. 손잡이가 두툼한 빨강색 가위이다. 내가 쓰는 가위는 네 가지 정도다. 하나는 튼실한 전정가위로 굵은 나뭇가지나 자르기 힘든 소재를 다룰 때 쓴다. 다른 하나는 일반 꽃줄기를 자를 때 사용하는 것으로 대부분의 작업을 담당한다. 나머지 두 개는 리본용과 포장지용이다. 두 가위는 손잡이에 각기 다른 리본을 묶어 표시를 해두어야 한다. 자칫 다른 가위와 섞어 사용하면 날이 무디어져 제 용도에 알맞게 쓰이지 못할 경우가 있다. 시간을 다투며 작업을 해야 할 때, 가위가 말을 듣지 않으면 등에서 식은땀이 난다. 그래서 리본가위와 포장지가위는 특히 조심스럽게 다룬다.

가시제거기는 장미 가시를 제거할 때나 거친 꽃가지의 잎을 한꺼번에 훑어낼 때 사용된다. 대개는 꽃줄기가 상할까 염려되어 일일이 손으로 잎을 따내지만 굳이 세밀한 작업을 필요로 하지 않을 경우에는 가시제거기를 쓴다. 줄기를 훑고 지나가는 가시제거기의 용맹한 질주는 속이 다 시원할 정도이다. 거침이 없다. 출발선에서 잠시 주춤하는 것은 단지 질주를 위한 워밍업일 뿐이다.

　포장지는 옷을 고를 때처럼 신중하게 선택한다. 어떤 꽃에 어떤 포장지가 어울리는지는 한눈에 결정된다. 빈약한 꽃다발이라 할지라도 포장지를 잘 쓰면 품새가 달라진다. 과해도 부족해도 곤란하다. 딱 그만큼, 알맞은 양을 잘라 써야 완성도 높은 상품으로 인정받는다.

　리본은 포장의 마지막을 장식한다. 경우에 따라 생략하기도 하지만 대개는 리본을 사용한다. 리본을 선택하는 일에서도 소홀할 수가 없다. 옷을 잘 차려 입은 숙녀가 브로치 하나를 왼쪽 가슴에 다는 것으로 매무시를 마무리하듯 리본은 액세서리로서 그 역할을 톡톡히 해낸다.

　가위, 가시제거기, 포장지, 리본. 이들을 두고 나는 화방사우花房四友라 이름 한다. 어설픈 미련일랑 애초에 잘라버리는 가위. 그는 줄기를 자르되, 길이를 조절할 줄 안다. 한번 자른 줄기는 다시 이을 수 없다는 것을 알기에 섣부른 행동은 삼간다.

　군더더기를 용납하지 않는 가시제거기는 꽃을 다루는 이의 손을 보호하는 한편 빠른 작업을 돕는다. 그는 불필요한 잎을 허용

하지 않는다. 허물을 감추어주기도 하고 아름다움을 더욱 돋보이게도 하는 마법을 가진 포장지는 아픈 사람의 마음을 어루만져 주고 거친 사람을 다독여 감싸 안아주는 신비의 보자기이기도 하다. 꽃을 받은 사람의 마음을 행복하게 해주는 데는 포장지의 넉넉함이 한 몫 한다 해도 틀리지 않으리라. 나는 리본을 꽃다발의 마지막 장신구라 부른다. 패션의 완성을 누군가는 구두라고 하였듯이 꽃에 있어 리본만한 액세서리는 없을 터이다.

볼이 붉은 40대 후반의 여인이 찬바람을 몰고 들어와 꽃다발을 주문한다. 친구의 피아노 연주회에 간다고 하였다. 친구에게 어울리는 꽃다발을 만들어 달라고 말하고는 난로 옆 의자에 앉는다. 꽃다발의 주인공은 키가 작고 몸이 왜소하며 성격이 시원한 봄바람을 닮은 여성이라 한다. 여인에게 커피 한 잔을 건네고 꽃 냉장고를 들여다본다. 친구라면 취향이 비슷할 터이다. 나이는 들었지만 귀여운 이미지가 풍겼고 나름 젊게 살려는 쪽으로 보였다. 그런 손님에게는 앙증맞은 듯 화사한 꽃다발이 어울린다. 색이 알록달록한 꽃다발보다는 같은 색 계열의 꽃을 혼합해 묶어주면 거의는 만족해한다. 분홍색 수국과 자주색 알스트로메리아, 청색 염색 안개와 진한 분홍색 장미 다섯 송이를 꺼낸다. 그린 소재로 폴리와 레몬잎을 고른 다음, 자주색 소국 반 단을 더한다.

빠르게 움직이는 나의 손놀림을 바라보며 여인은 여유롭게 커피를 마신다.

　가시제거기가 국화잎을 다듬고 장미잎을 떼어낸다. 나는 왼손에 수국과 장미를 잡고 사이사이에 알스트로메리아와 안개를 나선형으로 두른 후 자주색 소국을 덧댄다. 그린 소재를 알맞게 배치하고 손잡이를 끈으로 묶는다. 가위가 기다렸다는 듯 손잡이에서 20센티 가량을 남기고 줄기를 사선으로 자른다. 미리 마름해놓은 포장지가 전체적인 표정을 살리며 재빨리 꽃들을 끌어안는다. 뒤를 이어 리본이 자기 자리를 찾아 납작 등을 들이민다.

　불과 5분여, 나와 화방사우花房四友는 일사불란하게 움직여 순식간에 일을 마쳤다. 손님은 만족해했고 잠깐 동안의 부산함이 끝났다. 작업대 위에 흐트러져 있는 가위와 가시제거기, 포장지와 리본을 제자리에 옮겨 놓은 다음 빗자루를 들어 바닥을 쓴다. 고요한 평화가 실내에 번진다.

화분

내 그릇의 크기가 작다한들 금방 큰 것으로 바꾸기는 어렵다. 화초가 자라는 걸 보면서 그릇을 키워갈 밖에. 화초를 심으면서 내 마음 밭의 그릇을 생각해본다.

분갈이의 기본은 화초의 물색대로 분을 골라 식물의 습성에 맞게 흙을 선택해 심는 일이다. 더러는 눈짐작이 맞지 않아 기껏 심어 놓은 화초를 다시 좀 더 큰 화분으로 옮겨심기도 하지만, 대체적으로 화분과 잘 어울리게 심는 편이다. 하기는 이 일을 한 지도 어언 10년이 넘었으니 크게 잘못될 일도 없다.

봄이 되자 겨우내 엄살을 부리던 '불로초'가 힘차게 기지개를 켠다. 아무래도 녀석의 성장 속도로 보아 머지않아 화분이 옹색해질 터이다. 하얀 색의 키가 크고 날씬한 사각 화분과 자줏빛 둥근 도자기분에 나누어 심기로 한다. 당장은 화초가 화분에 비해 왜소해 보일 테지만 성장속도가 빠른 녀석에게 곧 알맞은 보금자리가 될 것이다. 화초를 화분에 담아보면 그때서야 안다. 어림짐작으로 보아 그 그릇에 맞을 듯하나 막상 담아 보면 터무니없이 작거나 큰 경우를 더러 봐왔다. 눈짐작만으로 가능한 일이 아니라는 것이다.

분갈이를 하면서 내 그릇의 크기는 얼마만하며 모양새는 어떨까 하고 생각해 본다. 성격이 소심하여 남 앞에 당당히 나서지 못하고 불의를 보면 잠견도 못하면서 분노한다. 내 그릇은 너무 작으며 모양도 보잘것없다. 여러 사람이 모여 대화를 할 때, 말을 잘 안 하는 나를 두고 속이 깊고 진중해서 그런 것이라 하는 이가 있다. 사실은 아는 것이 많지 않아 그들의 대화에 끼어들 수가 없어서인데, 그들이 보기엔 말을 아끼고 행동을 조심하는 것으로 보이나 보다.

사람의 성격이나 됨됨이도 언젠가는 드러나도록 되어 있다. 어쩌다 보는 이들이야 처음 본 느낌대로 받아들이겠지만, 오랫동안 나를 지켜본 이들은 내 성품과 그릇의 크기를 옳게 짐작할 것이다.

나는 내 그릇이 깊고 넓었으면 좋겠다. 웬만한 일로는 흥분하지 않고, 상대를 배려하며, 자신을 낮출 줄 아는 마음으로 가득 찬 그릇이라면 더욱 좋겠다. 나이로 보면 그럴 만도 하건만 아직 나는 나잇값을 못하고 있다.

자신의 그릇을 키워가는 일이 쉽지만은 않을 것이다. 그래도 매사 생각에 생각을 거듭하고, 좋은 책, 좋은 음악으로 습관을 들이다보면 한결 나아지지 않을까 싶다.

요즘 나는 틈나는 대로 고전음악을 듣는다. 집에서도 화원에서도, 또는 운전을 하면서도 일부러 클래식을 들으려고 한다. 나를 오랜만에 보는 친구는 고리타분하게 그런 곡 듣지 말고 신나는 팝이나 대중가요를 들으라고 전한다. 다른 한 친구는 내 이미지와 안 어울리니 맞게 놀라고 노골적으로 면박을 주기도 한다. 처음엔 나 자신도 낯설고 어색했던 건 사실이지만 자꾸 듣다보니 이제는 꽤 들을 만해졌다. 어차피 훈련을 하는 것이니 싫증이 나도 계속 해보자고 스스로 다독인다.

독서도 전보다 많이 하려고 한다. 예전에는 잡독을 했지만, 요즘은 되도록 좋은 글을 골라 읽는 습관을 기르는 중이다. 수필을 공부하는 중이니 좋은 수필을 의식적으로 찾아서 본다. 유명한 수필가가 쓴 글부터 소문난 문장가의 글을 골라 읽는다. 삶도 살찌우고 싶고 나 역시도 그런 글을 쓰고 싶기 때문이다.

명상을 해보기도 한다. 나는 남에게 어떤 사람이며 나 자신은 누구인가에 대해서도 깊게 궁리를 해본다. 남의 말을 귀담아 들어 좌표로 삼기도 하고 주위를 돌아보며 내 인생에 이정표가 될 만한 이들을 찾는다. 과연 나는 맘에 드는 화초를 골라 심을 만한 넉넉한 그릇이 될 수 있을 것인가.

내 그릇의 크기가 작다한들 금방 큰 것으로 바꾸기는 어렵다. 화초가 자라는 걸 보면서 그릇을 키워갈 밖에. 화초를 심으면서 내 마음 밭의 그릇을 생각해본다.

해피트리

상생하지 못할 바에야 적응하지 못하는 쪽을 뽑아내는 게
낫고, 이럴 땐 다른 나무를 심는 것도 방법일 수 있다.

두 번의 결혼에 실패한 그녀는 언제부턴가 꽃에 관심을 두었다. 퇴근해 들어오면 텅 빈 집안이 무척 낯설었다. 우연히 길을 가다가 만난 제라늄 화분을 들여놓고부터 하나둘 화분의 종류와 수를 늘여갔다. 그녀는 외로워서 꽃을 기른다고 했지만 지금은 거의 중독에 가깝다. 베란다에 온갖 꽃들이 바람에 하늘거렸다. 호야 꽃도 그녀의 화단에서는 해마다 서너 차례 만날 수 있다. 난蘭이며 선인장, 그 외 분재에 매달린 앙증맞은 꽃들까지…….

꽃이 피지 않는 식물이라도 푸른 이파리에 마음이 가 닿으면 망설이지 않고 집안에 들였다. 크고 작은 항아리를 들이고 그 위에 올려놓을 스킨답서스를 샀다. 벽에는 러브체인을 걸었다. 햇살이 잘 드는 곳에 화단을 만들어 채송화를 심고 벌개미취 씨를 뿌려 마치 마당가에 저절로 피어난 꽃처럼 연출했다. 하늘은 화단의 배경이 되고 가끔씩 흐르는 구름은 기분에 따라 알맞은 모양이 되어 지나갔다. 거실에 앉아 베란다 쪽을 바라보며 차를 마시면 어느 분위기 좋은 카페에 와 있다는 착각이 들기도 한다. 나는 그녀의 화단을 보며 남다른 감각에 늘 감탄하곤 했다.

그날 나는 거래처에 외근 중이었다. 1년 전 인근 문화센터에서 실내에 화단을 꾸미고 싶다 하여 서너 개의 플랜트에 작은 정원을 만들어 복도에 설치해주었다. 가끔 들러 배치된 화분을 점검하며 영양제나 거름을 주는 일을 해왔다. 간혹 소품으로 심어놓은 잔잔한 화초들을 싫증나지 않게 바꿔놓기도 하고, 때론 주된 나무를 다른 것으로 교체해 심을 때도 있었다. 유독 더웠던 이번 여름을 끝내 이겨내지 못했는지 메인으로 심어놓은 해피트리가 생기를 잃어가고 있었다. 손을 쓰지 않으면 조만간 흉한 몰골이 되어 보는 이의 눈살을 찌푸리게 할 것이었다. 잎에 벌레가 있나 살펴보았지만 멀쩡했다. 뽑아보니 뿌리도 별다르게 나빠 보이지 않았다. 도대체 어디에 문제가 있는 것일까. 나무를 살피고 있는데 전화가 왔다. 그녀였다.

"오랜만에 화원에 왔는데 출장 중이라고 하네?"

그녀의 목소리는 유독 쾌활했다. 어떤 이유인지 그녀와 통화를 하면 기분이 좋아진다. 생활에 지칠 때 그녀의 목소리를 들으면 언제 그랬냐는 듯 근심과 걱정이 가시곤 했다. 지나치다 싶을 정도로 솔직한 그녀에게 우울한 날이란 별로 없어 보였다. 술을 좋아하고 친구가 많으며 사교성이 남다른 그녀, 사람들에 치여 외로울 틈이 없다고 너스레를 떨곤 했다. 하지만 어느 날 그녀는 밤새워 놀다가도 집에만 오면 언제 그랬나는 듯 외로움이 폭풍처럼 밀려온다고 실토를 했다. 항상 밝게 생활하는 그녀가 외로울 것이란 생각은 미처 하지 못했다. 나는 다음에 따로 만나자고 하며 차나 한 잔 마시고 가라 했다.

"일행이 있어서 그럴 시간은 없고, 다음에 다시 올게. 화분이나 몇 개 가져가야겠다."

"또 들이게? 늬집 베란다 넘쳐나겠다."

"좋은 걸 어떡하니?"

까르르 웃으며 유난히 튀는 목소리로 호들갑이다. 나는 직원을 바꿔 달라 해서 가격을 깎아줄 것과 덤으로 그녀가 좋아하는 소품 몇 개 챙겨줄 것을 당부했다. 다시 전화를 받아든 그녀는 조만간 꼭 만나자고 했다.

"나, 할 말 있어."

그녀답지 않게 목소리에 약간의 긴장감이 느껴졌다. 낯설지만 나쁘지는 않았다.

"무슨? 물론, 좋은 일이겠지?"

"어, 그럼. 그렇다고 할 수 있지."

궁금했다. 하지만 내가 묻지 않아도 그녀는 내게 재촉할 시간을 주지 않는다. 이번에도 예외가 아니었다.

"나, 결혼했어."

"엥? 또?"

나도 모르게 튀어나온 말은 그다지 긍정적이지 못했다. 남들이 그녀를 어떻게 생각할까 걱정이 앞섰기 때문이다. 다시 하는 결혼이 쉽지 않다는 것을 알기에. 하지만 두 번도 아닌 세 번째의 결혼에 그녀는 너무나 당당했다. 축하해줘야 할 일에 '엥? 또?'라고 했으니, 말을 마치며 친구에게 미안한 생각이 들었다.

"어, 또 했어. 몇 달 전에."

"그런데 왜 그 얘길 이제 해? 몰랐잖아."

"나야 좋아서 했지만 남들은 내가 이상한가 봐."

그녀가 또 웃었다.

그녀의 첫 남편은 생활력이 없었다. 거기에 노름까지 일삼았다. 그러다가 어느 날 갑자기 행방불명이 되었고 결국 그녀는 이혼소송을 낼 수밖에 없었다. 수년 후 재혼을 하면서 첫 남편의 홀로 남은 노모와 자기의 아들을 가까이로 데려와 돌보다시피 한 지 몇 해째다. 두 번째 결혼은 따질 것 따지고 볼 것을 본 후에 결정을 했다. 하지만 겪어본 후에 아는 게 사람 마음이고 살아봐야 아는 것이 부부관계라 하지 않던가. 몇 해를 못 이긴 그녀는 또 이혼했고 이유는 서로에게 실망을 하여 그리된 것 같았다.

그녀는 다음에 긴 얘기를 해주겠다며 일행이 기다린다는 핑계를 대고 바삐 전화를 끊었다. 나는 한참을 서서 끊긴 휴대폰만 바라보았다.

상한 나무를 뽑아낸 자리가 휑했다. 그곳으로 서늘한 바람이 한 가득 들어찬 기분이었다. 나는 가져온 나무를 한쪽에 세워놓고 뽑았던 나무를 다시 심어 위치를 바꿔볼까, 잠시 생각했다. 육안으로 문제가 확인되지 않는 것으로 보아 환경이 맞지 않아 적응을 못하고 있는 것인지도 모른다는 생각이 들었다. 같은 날 심었던 다른 나무들은 멀쩡했다. 흙이나 주변의 식물들도 같은 조건과 종류로 심었던 터다. 플랜트의 위치를 바꾸게 되면 전체적인 균형이 무너진다. 애초에 놓을 자리를 정해 디자인한 것이었다.

눈에 보이지 않는다고 문제가 없다고 단정 지을 일은 아니다. 보이는 것이 전부는 아니기 때문이다. 어쩌면 이 나무야말로 이곳의 다른 식물들과 어울리지 못하는, 성질이 까다로운 나무였는지도 모른다. 상생하지 못할 바에야 적응하지 못하는 쪽을 뽑아내는 게 낫고, 이럴 땐 다른 나무를 심는 것도 방법일 수 있다. 뽑혀진 것도 버릴 것이 아니라 화원으로 가져가 관리를 하면 소생할 터였다. 이곳이 그의 자리가 아니라면 굳이 다시 심을 이유가 없다. 옆에 세워뒀던 새로 가져온 나무를 심었다. 같은 해피트리다. 길이가 3미터 가량의 플랜트에 2미터 높이의 해피트리가 잎을 펼치며 한쪽에 자리를 잡았다. 뿌리를 내려 제자리를 잡을 때까지는 몇 번의 몸살을 앓아야 할지도 모른다. 흙을 마저 채우고 꼭꼭 눌러주었다. 그녀를 생각하면서.

 행복하면 그만이다. 결혼을 하고 또 하면 어떤가. 신중해야 할 일이지만 그녀인들 신중하지 않았을 리 없다. 시작할 때 헤어질 것을 작정하고 결혼하는 사람은 없다. 우연히 그 지점에 닿았다가 적응하지 못하고 그리된 것일 뿐. 남들 눈 속이며 부적절한 만남을 하는 이들에게 비할까. 필요 이상으로 남을 의식하다가 하고 싶은 것도, 해야 할 일도 하지 못하고 지나치는 경우가 있다. 그녀는 나와 다르다. 매사 남의 눈치만 보고 스스로 만든 잣대에 갇혀 아무 것도 하지 못하는 나와는 너무도 대조적인 친구이다. 그녀는 언제나 솔직하고 매사에 당당하다. 머뭇거리지 않으면서 한편으로 신중하기도 하다.

 시대는 변했다. 곁에 두고 미워하며 사는 것보다야 떨어져 지내는 편이 나을 수도 있지 않을까. 마음에 안 들어 이별도 하고 헤어졌다가도 그 사람이 그리워 다시 만나는 경우도 허다하다. 나는 그녀의 용기가 부러울 뿐이다. 그녀야말로 사람을 제대로 사랑할 줄 아는 여자이며 자유가 뭔지를 진실로 느낄 줄 아는 사람이다.

 작업을 마무리하고 플랜트 주변을 정리했다. 가져온 종이상자에 뽑힌 나무를 챙겼다. 새로 심은 나무의 잎이 창 쪽에서 비치는 햇빛을 받아 반짝였다. 주변에 함께 심긴 소품들도 더욱 생생하게 살아나는 느낌이었다. 그녀도 새로 꾸민 보금자리에서 새로 맞이한 낭군과 이렇듯 잘 어우러지겠지. 자신의 삶을 사랑할 줄 아는 여자, 그녀가 이번에는 뿌리를 잘 내려 오래도록 그 자리에 어울리는 사람으로 서 있어주기를 바란다.

Part IV
준비하다_겨울

12월의 꽃,
포인세티아

포인세티아의 잎은 녹색으로 자라다가 가을로 접어들어 기온이 낮아지면 붉은 색으로 물든다. 빨강이나 분홍, 살색과 연두색의 잎이 대중적이나 겨울에 인기 있는 색은 뭐니 뭐니 해도 단연 빨강색이다.

농장 가득히 들어차 있는 포인세티아 화분 앞에 쪼그리고 앉는다. 문이 열릴 때마다 바람에 살랑거리는 새빨간 잎이 마치 꼬리를 흔들며 어미를 반기는 강아지들 같다.

포인세티아가 출하되면 크리스마스가 가까워졌다는 신호다. 매장마다 다양한 색과 크기로 진열되어 오가는 손님의 발길을 붙잡는다. 색깔과 크기별로 고루 구매하고 싶은 충동을 꼭꼭 누른다. 양주 변두리에 있는 우리 가게는 가져가 봐야 한두 개 팔리는 게 고작이다. 다른 꽃에 비해 가격이 비싸다는 이유로, 오래 키우기 어렵다는 이유로 손님들은 화원에서만 즐기고 만다. 해서 진열용으로 색과 모양을 살펴 몇 개만 고른다. 팔리고 말고를 떠나 포인세티아의 계절을 그냥 지나치기 싫어서이다.

포인세티아는 울긋불긋한 잎사귀가 크리스마스 이미지를 떠올리게 한다하여 '크리스마스 꽃'으로 알려져 있다. 1825년 조엘 로버트 포인세트Joel Roberts Poinsett에 의해 미국에 처음 소개되었고, 그가 멕시코에 초대 대사로 있으면서 화훼재배에 도입시키며 대중화된 식물이다. 포인세트가 죽은 1852년에 그의 이름을 따 '포인세티아'라 부르게 되었고, 매년 12월 12일을 '포인세티아의 날'로 지정하였다.

추운 겨울에 많이 볼 수 있지만 알고 보면 포인세티아는 추위에 약한 식물이다. 멕시코 원산의 열대나 아열대 지방에서 자라는 나무로 한겨울 찬바람만 스쳐도 잎이 검게 변하며 축 늘어진다. 화분에 담겨 판매되는 대부분의 포인세티아는 목질화가 되기 전의 식물이어서 줄기와 잎, 뿌리까지 약한 편이다. 그래서 다른 식물들과 달리 꽃을 사와 바로 분갈이를 하지 않는다. 조건이 좋지 않으면 옮기는 과정에서 시름시름 몸살을 앓다가 말라죽기 때문이다. 플라스틱화분이 맘에 걸리는 이들은 포인세티아를 준비된 화기에 화분 채 담아 관상한다. 실패하지 않고 꽃을 오래 볼 수 있는 방법 중 하나이기 때문이다.

　겨울로 접어들면 카페나 분위기 있는 레스토랑 한 켠에서 자연스러운 소재의 바구니에 든 포인세티아를 만나게 될 것이다. 포인세티아는 공간연출에 탁월한 식물이어서 크리스마스트리, 니트나 울로 된 화분 덮개, 산타인형, 하얀 스티로폼 볼, 솔방울 등과 같은 소품과 함께 하면 그 분위기가 한결 돋보인다. 형광빛 연두색이 매력인 율마와도 잘 어울리며 실내 분위기를 살리는 데 제 몫을 한다. 온도는 15도 이상을 유지해 주어야 하며 겨울철에는 햇빛이 잘 드는 곳에 두면 좋다. 흙이 말랐을 때에는 꽃에 물을 직접 주지 않고 화분 채 물에 담그는 저면관수법을 이용한다. 이는 식물에 곰팡이가 피는 것을 막기 위함이다.

절화나 조화로도 많이 사용되고 있는 포인세티아의 꽃말은 '축복합니다'이며 다음과 같은 전설이 전해진다.

16세기 멕시코에서는 크리스마스이브에 아기 예수의 탄생을 축복하며 제단에 선물을 놓아두는 풍습이 있었다. 한 가난한 소녀가 예수님께 드릴 선물이 없어 안타까워하다가 길가의 잡초들을 뽑아 교회로 가지고 갔다. 소녀가 교회에 도착했을 때 놀랍게도 기적이 일어났다. 잡초에 붉은색과 연녹색의 꽃이 피어난 것이다. 그 꽃이 포인세티아였다. 멕시코인들은 그 꽃을 '성스러운 밤의 꽃'이라 이름 붙였다.

우리가 꽃이라 알고 있는 포인세티아의 붉은 부분은 사실 꽃이 아닌 포엽(잎의 변태로 싹이나 꽃봉오리를 싸서 보호하는 작은 잎. 꽃 가까이 있으며 잎이 변한 것으로 싹이나 꽃봉오리를 포함한다)이다. 꽃은 잎 가운데 있으며 노란색의 자잘한 알갱이 모양을 하고 있다. 작은 알갱이 안에 입술 모양의 꿀샘과 암술, 수술이 모여 있는 것이 보인다.

포인세티아의 잎은 녹색으로 자라다가 가을로 접어들어 기온이 낮아지면 붉은 색으로 물든다. 빨강이나 분홍, 살색과 연두색의 잎이 대중적이나 겨울에 인기 있는 색은 뭐니 뭐니 해도 단연 빨강색이다. 꽃시장 가득 놓여 있는 붉은 포인세티아를 바라보는 것만으로도 겨울이 온통 따뜻해지는 느낌이다.

그린 톤의 체크무늬 천을 끊어와 창 쪽에 위치한 테이블을 덮는다. 털실로 짠 화분케이스 안에 포인세티아 화분을 담는다. 창가 테이블에 조명을 겸해 장식용 크리스마스트리를 놓고 그 곁을 포인세티아로 진열하였다. 빨강과 분홍, 살굿빛의 이파리가 조명을 받아 그 색이 더욱 선명해졌다. 산에서 주워온 솔방울을 군데군데 아무렇게나 던져놓아 자연미를 살렸다. 금방이라도 빨강 코의 루돌프가 산타할아버지를 태운 썰매를 끌고 창 너머에서 달려올 것만 같다.

동백꽃이
피었다

동백꽃은 꽃받침과 더불어 과감히 몸을 던진다. 결정의 순간 망설임은 무의미하다.

큰언니 집 발코니에 동백나무 한 그루가 있다. 작년에 거래처 농장에 갔을 때 나를 따라온 언니에게 농장 안주인이 선물한 것이다. 1미터가 채 되지 않는 동백은 그해 십여 개의 꽃봉오리를 맺었지만 두 송이만이 꽃을 피웠다. 된장 고추장 항아리와 나란히 있는 동백은 도심 아파트 발코니에서 시골의 정취를 느꼈다.

꽃을 좋아하는 형부는 피지도 못하고 떨어진 봉오리를 차마 버리지 못하고 작은 그릇에 모아 화분 옆에 놓았다. 관리를 잘 못해서 어린 꽃봉오리를 잃은 것이라며 안타까워했다. 발코니에 내놓으라는 내 말을 무시하고 행여 나무가 추울세라 따뜻한 거실에 들여와 이런 사태가 벌어진 것이다. 이유 없이 봉오리 채 떨어지기에 아차 싶어 부랴부랴 밖으로 내 놓았지만 허사였다. 두 송이의 꽃을 보아 그나마 다행이었다. 못내 아쉬워하던 형부의 표정을 잊을 수 없다. 떨어진 봉오리 자리에 어버이날 손자에게 받은 붉은 색 카네이션 조화를 매달아 놓아 웃었던 기억도 난다.

만개한 꽃송이들과 이제 막 벌어지려 하는 봉오리 등, 올해는 동백꽃이 풍년이다. 형부는 일일이 꽃송이를 세가며 자랑했다.

동백꽃을 보면 초등학교 가는 길목에 있던 먼 친척네 정원이 떠오른다. 그 집 정원에 동백나무 두 그루가 있었다. 수령이 30년쯤 되었다 했다. 그곳을 지날 때면 동백나무는 윤기 흐르는 진초록 이파리를 자랑하거나 붉은 꽃송이를 툭툭 떨어뜨려 눈길을 끌었다. 눈을 감고 들으면 알밤이나 도토리 떨어지는 소리로 들렸다. 한 조각 미련도 없이 멀쩡한 채로 떨어지고 마는 동백꽃의 결심이 멋져보였다.

동백꽃은 암술과 수술이 함께 있다. 연인사이의 영원한 결합을 상징하는 이유가 거기에서 비롯된다. 동백꽃은 모양과 색이 온전하다 하여 떨어짐에 미련을 두지 않는다. 꽃받침과 더불어 과감히 몸을 던진다. 절정의 순간 망설임은 무의미하다는 뜻일 게다. 동백의 절정은 온전한 상태로 떨어지는 '그 순간'이기 때문이다. 낙화는 바로 동백꽃의 완성된 모습이리라.

오래 전 혼돈의 시기에 선운사 동백나무 길을 걸은 적이 있다. 결혼을 앞 둔 어느 날이었다. 그 사람과의 미래가 불안하다는 생각이 들었다. 까닭을 몰라 답답했다. 정신이 산만하니 판단은 더욱 흐려졌다. 이미 날은 정해졌고 답답한 속내를 털어놓을 곳이 없었다. 부모도 형제도, 그 누구도 마음을 풀어놓을 대상이 아니었다. 잠이 오지 않아 무작성 차를 몰아 도착한 곳이 선운사였다. 이른 아침 동백꽃길을 걸었다. 최면에 걸린 사람처럼 그 길을 걷고 또 걸었다. 아름드리 동백나무는 나를 보며 잘 왔다는 듯 매끄러운 몸매를 뽐내었다. 나는 나무들을 쓰다듬으며 근심 없는 사람처럼 그 길을 천천히 걸었다.

  어차피 길지 않을 인연이었다면 그날 그 길에서 명쾌하게 결단을 내렸으면 좋았을 것을. 그때가 아니면 할 수 없는 말이 있다던가, 일에 있어서의 결정도 마찬가지이다. 나는 때를 놓쳐 거치지 않아도 될 과정을 치르고 말았다. 나의 꽃길 산책은 그저 꽃길을 걷는 것으로 그쳤고 결혼 후 석 달쯤, 그때서야 풀리지 않았던 의문의 실마리가 잡혔다. 나는 그의 손을 놓았다. 그도 기다리고 있었다는 듯 홀연히 내 곁을 떠났다. '그 누구보다 당신을 사랑한다'던 그의 말은 새빨간 거짓말이 되어 바닥으로 내동댕이쳐졌다. 좋은 가정을 이루겠다는 나의 결심 또한 제대로 피어 보지도 못

한 채 떨어졌다. "그 누구보다 당신을 사랑합니다"라는 빨간 동백꽃의 꽃말이 무색해지는 순간이었다.

그러고 보면 꽃말이란 것이 누구에게나 맞게 떨어지는 것은 아니지 싶다. 사랑하는 사람에게 선물하며 꽃말대로 되기를 기원하지만 사람의 일은 언제나 다른 쪽도 동반하곤 한다. 다른 쪽이라 하여 꼭 나쁜 것이라고는 생각하지 않으련다. 다만, 그 꽃말의 의미가 잠시 빗나간 것뿐일 테니까.

동양에서는 동백꽃의 꽃잎이 정확하게 대칭과 균형을 이룬다 하여 숙녀의 정조를 뜻해왔다. 또한 꽃받침이 그녀를 보호해줄 청년을 상징한다고 믿었다. 꽃이 받침과 함께 떨어지는 것을 빗대 영원한 사랑의 완성이라 말하는 이도 있었다.

중국에서는 처녀가 배우자감을 유혹할 때 동백꽃을 이용한다고 하지만, 남자들에게 동백꽃을 바치는 것은 사랑을 갈망할 뿐 아니라 행운을 기원한다는 의미도 포함하고 있었다. 동백꽃은 언제나 행운을 전달한다는 믿음이 두터웠기 때문이다. 마음을 내보이기 전에 신중히 생각하는 사람을 동백에 비유하기도 한다. 동백꽃의 낙화가 명쾌한 것은 깊은 사려 끝에 내린 결단이기 때문이라 생각한 것일까.

동백꽃이 절정을 이룰 때쯤 선운사에 가봐야겠다. 그날 걸었던 동백나무 길을 다시 걷고 싶어졌다. 혼돈의 시기는 어제도 오늘도 오고 또 가겠지만 동백꽃의 결단을 보며 헝클어진 삶의 타래를 잠시 내려놓는 것도 한 가지 방법이리라. 시간은 결코 나쁜 시절만 남기는 것은 아닐 테니까.

꽃을
자르다

꽃을 자르는 나를 잔인하게 보는 이도 있지만 나는 꽃을 자르며 미련을 버리고 포기할 줄 아는 방법을 배우고 있다. 잘릴 만큼 잘려 나가야 제대로 된 작품이 완성된다면 그러지 못할 이유도 없다.

꽃바구니 주문을 받았다. 되도록 화사하게 만들어 달라는 주문이었다. 바구니에 플로랄 폼을 붙이고 손질한 장미 줄기를 알맞게 잘라 꽂는다. 커버넷이라 불리는 빨간 색 장미는 그 향이 짙고 화형이 좋아 개인적으로 선호하는 종이다. 흰색과 분홍색이 어우러진 아쿠아는 올 여름 내내 내가 즐겨 쓴 장미다. 장미로 꽃바구니의 전체적인 모양을 잡고 소국 종류인 금수와 퐁퐁, 앙증맞은 엔젤 카네이션을 사이사이 채우면 어느 정도 바구니가 완성된다. 마무리는 편백이나 노무라 등 녹색 잎 소재로 한다.

꽃을 다루는 일을 한 지도 벌써 15년이 넘었다. 처음, 아무것도 모른 채 무턱대고 시작하여 1년도 안 되어 투자한 돈을 몽땅 날려버렸다. 너무 쉽게 생각한 탓이었다. 턱없이 부족한 실력을 절실히 느끼고 창업 과정과 꽃꽂이 전문 과정을 공부하였다. 1년 후 장소를 이곳 남면 신산리로 옮겨 다시 꽃가게를 열었다. 쉬는 날을 정해 공부를 계속했다. 둘째형부와 언니의 도움으로 가게는 날로 번창하였다. 사람의 욕심이란 게 한도 끝도 없다더니 꼭 나를 두고 한 말 같았다. 분점을 내고 싶어졌다.

분점을 내면 성공할 것 같았다. 형제들은 나를 '밀어붙이기 대장'이라고 걱정하며 욕심 부리지 말고 지금 하는 곳이나 잘 관리하라고 했다. 하지만 이 사람 말 저 사람 말을 들으며 머뭇거리다가는 내게 온 기회를 놓쳐버리고, 가버린 기회는 영영 돌아오지 않을 것만 같았다. 확신이 들자 조바심이 났다. 그 동안 모은 돈과 거래 은행에서 대출을 받아 양주시청 앞에 120평 가량의 땅을 얻어 화원 공사를 시작하였다. 통장의 돈이 줄어드는 만큼 화원의 모습이 갖춰지고 있었다. 신이 났다. 공사가 거의 마무리 될 무렵 꽃시장에서 1.5톤 트럭 다섯 대 분의 상품을 구입해 진열을 시작했다. 아무리 생각해보아도 자신이 대견스러웠다. 혼자서 이 큰 일을 해낸 것이다. 누군가는 내게 작은 거인이라고 했다. 그 말이 듣기에 나쁘지 않았다.

　술술 잘 풀릴 줄 알았던 분점은 반년도 채 못가 경영 부실로 점점 기울기 시작했다. 일 년 반 만에 다른 이에게 넘겼다. 시작할 때 좋았던 기분보다 몇 백 배의 쓰라림이 있었으나 별 도리가 없었다. 그나마 손해를 조금이라도 줄이려면 더 늦기 전에 처분해야 옳았다. 주위에서 나의 무능을 손가락질하는 것만 같았다. 통장을 꺼내보았다. 바닥이 보였다. 숨이 막혀왔다. 만져보지도 못한 돈이 다시는 돌아올 수 없는 곳으로 야금야금 빠져나갔다. 얼마 안 되는 통장 잔고가 나를 점점 불안하게 했다.

　벌써 7년 전 일이다. 남의 농장이 되어버린 곳을 지날 일이 있으면 애써 외면하거나 멀리 돌아서 다닌다. 잊은 줄 알았는데 내 가슴 한 구석에는 여전히 아쉬움이 남아 있다. 이것도 욕심일까. 버릴 것은 미련 없이 버려야 하고 포기할 것은 빨리 포기해야 하건만, 더 이상 내 것도 아닌 것을 가지고 볼 때마다, 생각날 때마다 끙끙대는 꼴이라니. 한심하기 짝이 없다.

리본에 축하 말을 써서 바구니에 달았다. 약속한 시간이 지났다. 손님이 늦으려나 보다. 창밖에는 가을이 짙어간다. 바람이 불 때마다 노란 은행잎이 일시에 우수수 떨어진다. 하늘은 한바탕 비를 쏟아낼 기세로 잔뜩 흐려 있다. 은행잎이 지고 지루한 겨울이 지나면 다시 새순이 돋듯 내게 생긴 상처도 아물 날이 오려나. 아무렴, 나는 아직 좋은 나이이고 해야 할 일이 많다. 동네의 칠십 넘은 할머니의 살아가는 이야기를 들어야 하고 그 할머니가 가져다주는 꽃씨를 보관해야 한다. 꽃꽂이 하는 나를 보고 멀쩡한 꽃을 댕강댕강 잘라낸다며 잔인하다고 말하는 거래처 사장님의 짓궂은 핀잔도 들어야 한다. 겨울을 잘 나기 위해 부지런을 떨어야 하며 내년 봄에는 올해보다 더 나은 화원의 마당 가꾸기를 위한 계획을 세워야 한다.

꽃을 자르는 나를 잔인하게 보는 이도 있지만

나는 꽃을 자르며 미련을 버리고 포기할 줄 아는 방법을 배우고 있다. 잘릴 만큼 잘려 나가야 제대로 된 작품이 완성된다면 그러지 못할 이유도 없다.

작업대 위에 놓인 꽃바구니가 나를 보고 웃는다.

멋진 놈,
굿바이

그는 '어린왕자'의 모습 그대로 오른손은 허리에 얹고 왼손에 칼을 든 채로 그의 친구인 여우에게 하듯 나를 건너다보았다. 내가 셔터를 누르기 위해 사진기를 화분 가까이로 가져갔을 때 거미는 산세베리아의 긴 잎에서 미끄럼 타듯 화분 안으로 사라져버렸다.

언제 들어온 것일까. 거미 한 마리가 운전석 바로 앞 핸들 너머를 유유히 거닐었다. 자동차 색과 흡사해 움직임이 없었다면 무심코 지나칠 뻔했다. 몸의 크기는 콩알만 한 녀석이 어슬렁거릴 때면 여간 거슬리는 게 아니었다. 제법 살이 올랐다. 볼록한 배를 두른 여덟 개의 다리는 쉴 새 없이 꼼지락거렸다. 운전을 멈추고 녀석의 동선을 살폈다. 나의 시선은 아랑곳없이 잰걸음으로 앞쪽 통유리를 향해 직진 중이었다.

그날부터 나는 거미와 함께 산다. 독충일 거라는 생각에 미치면 금방이라도 죽이거나 도망치고 싶지만 녀석은 나를 무시하는 건지 경계심이 전혀 없어 보인다. 처음 마주쳤을 때처럼 제 갈 길을 향해 바삐 움직일 뿐이었다. 내가 잠시 다른 생각을 하는 사이 거미는 앞 유리 틈바구니로 사라졌다.

꽃시장에서 자재나 꽃 화분 사이에 끼어 들어왔을 가능성이 높다. 놈의 몸은 날이 갈수록 날렵해져서 생각지도 않은 곳에서 얼굴을 내밀곤 한다. 놀랍긴 하지만 거미를 밖으로 내보내야겠다는 생각은 하지 못했다. 거미를 죽이면 재수가 없으니 되도록 거미 몸이 상하지 않게 밖으로 내버리라던 동생의 말이 생각났다. 그는 방에 거미가 들어오면 쓰레받기로 떠서 밖에 내놓는다고 했다. 밖에 거미줄이 늘어져 있어도 살충제를 뿌린다거나 그것을 떼내어 죽이지 않고 빗자루로 걷어내 바닥에 툭툭 털어낸단다. 그렇게 하면 거미는 다른 곳으로 줄행랑을 치게 되어 있다나. 그런데 차 안의 거미는 나의 움직임이 포착되면 행동이 더욱 빨라져서 어떤 식으로든 쉽게 잡힐 것 같지 않았다.

한 달쯤이나 지났을까, 거미를 향한 경계심이 어느 정도 풀렸다. 무섭다거나 징그럽다는 생각이 들지 않고 오히려 놈이 보이지 않으면 어디에 숨어 있는지, 무엇을 하는지 궁금해졌다. 어디선가 생각지도 않게 모습을 내보이면 반가움에 절로 웃음이 나왔다. 무엇을 먹고 사는지, 뜨거운 한낮에 문이 닫힌 자동차 안에서 어찌 견디는지 도리어 걱정까지 되었다.

한때 렌즈 만드는 기술자였던 스피노자는 안경알을 다듬다 무료해지면 두 마리의 거미를 잡아놓고 싸움을 시켰다 한다. 어느 놈이 이기는지 지켜보며 킬킬, 웃어젖혔을 그를 상상해본다. 창밖에서 스피노자의 모습을 지켜보는 이가 있었다면 아마도 제정신을 놓아버린 사람쯤으로 여겼으리라. 싸움시킬 상대 거미를 대동하지는 않았지만 나도 놈을 한동안 노려보며 그의 동선을 따라갔다. 거미는 여전히 나를 무시한 채 자신만의 방식대로 쉴 새 없이 움직였다. 한 공간에 오래 있었으니 무료할 만도 하건만 처해진 공간 안에서 움직임을 멈추지 않았다.

가만 보니 나도 거미와 별반 다를 바 없다는 생각이 든다. 거미처럼 종일 분주한 나를 본다. 나는 양주시 일대를 자동차로 훑고 다닌다. 배달을 할 때도 있고 화원을 알리기 위해 고객을 찾아다니기도 한다. 때론 계절에 맞춰 나온 꽃을 거래처에 선물하는가 하면, 고객 관리를 위해 특별한 일 없이도 차 한 잔 마시러 방문하기도 한다. 어쩌다 일감이 생기면 그 자리에서 온종일 집중하기도 하고 그나마 주문이 없으면 비좁은 화원 안에서 꽃을 다듬거나 분갈이를 하거나 물품을 정리한다. 이제는 장사가 좀 안 돼도 남의 시선에 신경쓰지 않는다. 내가 누구를 만나고 어떤 놀이를 즐기며 무엇을 먹는지 남에게 보일 필요도 없다. 얼마를 받고 어떤 꽃을 팔며 이윤을 얼마나 남기는지도 중요하지 않다. 내 일이어서 하는 것이고 내가 할 수 있는 일이니 묵묵히, 때론 분주하게 움직일 따름이다. 내가 남을 의식하지 않는 것처럼 남들도 나를 유심히 바라보지 않기 때문이다. 그저 하루하루 최선을 다해 시간을 보낸다. 계획적이지도 않고 특별할 것도 없는 나의 생활이지만 나에게는 늘 최선이었다고 말할 수 있다. 이제야 어떻게 살아야 하는지를 어렴풋이나마 알 것도 같다.

주문 전화를 받았다. 바구니 모양의 화기에 심긴 산세베리아를 자동차 조수석 바닥에 실었다. 가을이라고는 하나 아직도 낮에는 뜨겁다. 시동을 켜고 에어컨 버튼을 누른다. 라디오도 켠다. 라디오에서 흐르는 음악을 따라 핸들을 잡은 손가락이 리듬을 탄다. 출발하고 얼마 안 있어 CD플레이어 안에서 거미가 기어나왔다. 놈은 여전히 통통하다. 도대체 먹을 것이라곤 눈 씻고 찾아봐도 없는 차 안에서 무얼 먹고 지내는지.

나는 갓길에 차를 세웠다. 추석 연휴 동안 생각에서조차 멀어졌던 거미를 사진기에 담아두고 싶어서였다. 렌즈 속 거미는 어느 새 이 공간에 적응이 된 듯 느긋해 보였다. 하지만 셔터를 누르려 할 때마다 좀처럼 기회를 주지 않았다. 거미는 앞좌석 중앙의 에어컨 바람이 나오는 부분에서 새가 날듯이 껑충 뛰어 건너편으로 이동했다. 다시 조수석 끄트머리 쪽으로 방향을 잡는가 싶더니 캐비닛 쪽 끝에 닿은 산세베리아 화분으로 날아올랐다. 그때 나는 화분 손잡이 중앙에 당당히 서 있는 검劍을 찬 용맹스런 거미를 보았다.

그는 '어린왕자'의 모습 그대로 오른손은 허리에 얹고 왼손에 칼을 든 채로 그의 친구인 여우에게 하듯 나를 건너다보았다. 몇 분인가를 그 자리에서 도통 움직이지 않았다. 멋진 모습을 위해 포즈를 취한 것처럼 보였다. 내가 셔터를 누르기 위해 사진기를 화분 가까이로 가져갔을 때 거미는 산세베리아의 긴 잎에서 미끄럼 타듯 화분 안으로 사라져버렸다. 나는 산세베리아 잎을 뒤적이며 구석구석을 살폈다. 그런데 거미는 보이지 않았다.

화분을 건네고 나오면서 왠지 마음이 허전했다. 그를 그대로 떠나보낸 것이 못내 아쉬웠다. 하지만 어쩌면 잘 된 일인지도 모른다. 내가 부르지 않았는데 그가 왔고 보내려하지 않았지만 그가 순식간에 훌쩍 떠난 것이다. 그것이 그놈의 인사법이었나 보다. 화분에 실려 왔든, 다른 경로로 왔든 간에 한 달여 이곳에 둥지를 틀었던 녀석. 차 안에 머물든 밖으로 나가든 그것도 그의 자유이다.

거미는 이제 자신의 거처를 옮겼다. 그가 떠남으로써 나의 일상이 지루해진 것은 아니지만 혹여 조금 허전해진다 하더라도 다시 다른 거미를 들인다거나 하지는 않을 것이다. 우연히 시작된 우리의 동거. 연이 다한 시점까지 우리는 비슷한 환경에서 자신의 일에 최선을 다했다. 가끔은 생각이 날 것 같다. 생텍쥐페리의 어린왕자 같은 포즈로 자신의 존재를 한껏 드러내고 사라진 멋진, 그 놈.

제라늄

성실하게 꽃을 피우는 제라늄geranium을 볼 때마다 나는 게르만Germane 족이 연상된다. 어떤 연관성이 있는지는 모르겠으나 두 단어에서 굳건함과 성실함이 함께 떠오른다.

지난 해 늦가을, 마당에 내놓았던 꽃들을 다시 손질했다. 팔 수 있는 것들은 안으로 들이고 일년초이거나 화원 안에서 겨울나기가 어려운 것들은 날을 잡아 치울 요량으로 마당 한 켠에 몰아두었다. 그때 구석진 자리에 웅크리고 있던 제라늄 네댓 분이 눈에 들어왔다.

몇 년 전 하이델베르크에 갔을 때, 역에서 하이델베르크 성까지 천천히 걸어가는 동안 내 시선을 붙잡았던 것은 이국적인 풍경보다는 집집마다 창가나 발코니에 걸어놓은 제라늄 화분이었다. 그림으로나 봐왔던 유럽 풍경을 제라늄이 걸린 하이델베르크 거리에서 제대로 만난 것이었다.

해마다 성실하게 꽃을 피우는 제라늄geranium을 볼 때마다 나는 게르만Germane 족이 연상된다. 어떤 연관성이 있는지는 모르겠으나 두 단어에서 굳건함과 성실함이 함께 떠오른다.

제라늄은 내가 좋아하는 꽃 중 하나로 쥐손이풀과에 속한다. 아프리카 남부 아열대지역이 주원산지이며 화단과 온실에 흔히 심는 식물로서 주로 관상용으로 재배한다. 이파리를 비비면 장미향 같기도 하고 박하향 같기도 한 특이한 향내가 난다. 해충이 싫어하는 향이 난다 해서 여름이면 모기 퇴치용으로 들이는 이들도 있다.

제라늄은 비교적 가격에 대한 부담이 없는 편이라 별다른 고민 없이 들이곤 했다. 그런데 재고가 문제였다. 단골에게 덤으로 주자니 아깝고, 싸게 팔자니 이깟 것을 돈 받고 파느냐고 핀잔 들을 것 같아서 아예 내가 끌어안곤 했다. 겨울을 잘 보낸 건강한 제라늄은 다음 해에 좋은 가격으로 팔린다. 주섬주섬 꽃이 진 제라늄 화분 네 개를 화원 안으로 들였다. 화원에 들여놓은 제라늄이 몇 주째 햇빛을 충분히 받지 못해 비실댔다. 볼품이 없어 구석에 둔 탓이며 들이자마자 분갈이를 하지 못한 이유이다.

이곳으로 이사 오기 전 나는 걸음걸이마저 티가 날 정도로 휘청대며 지낸 적이 있었다. 무슨 일이든 하면 할수록 꼬이기만 했다. 모든 걸 포기하는 심정으로 사업도 접고 외부와의 접촉을 피했다. 혼자가 되고 나니 차라리 외롭지 않았다. 원망할 대상도 더 이상 보이지 않았다. 내가 갈 수 있는 길은 여기까지인가 하는 생각이 들었다. 그 즈음 누군가 나의 문을 쉼 없이 노크했으나 나는 들은 척도 하지 않았다. 문을 더욱 단단히 걸어 잠갔다. 하지만 그런다고 해서 세상이 달라지는 것은 아니었다.

나의 상황은 절박한 지경에 이르렀다. 더 나빠질 것이 아무 것도 없었다. 살아 있는 것은 극한에 달하면 오히려 우뚝 서게 된다고 했던가. 몇 달 후 나는 스스로 문을 밀고 비틀거리며 밖으로 나왔다. 이왕지사 이렇게 된 것, 어떤 상황에도 비굴해지지나 말자고 나 자신에게 주문을 걸었다. 어차피 나에게 아무 것도 해준 것 없는 세상에 나도 바랄 것이 없노라고 대거리를 해댔다. 그저 내가 가야 할 길이나 똑바로 걸어가 보자고 다짐하는 수밖에 없었다. 그제야 굳었던 관절이 조금씩 움직였다. 통 가실 것 같지 않던 체기도 거짓말처럼 사라졌다. 나는 더욱 열심히 일했다. 화원에는 다시 사람들이 찾아들기 시작했다.

높이가 제법 되는 항아리 모양의 화분을 창고에서 꺼내왔다. 그곳에 부실해진 제라늄을 옮겨 심을 참이었다. 플라스틱 분에서 앙상해진 제라늄을 떠내어 꺼내놓은 화분에 두 줄로 심었다. 떡잎을 제거하고 죽은 가지를 쳐냈다. 참으로 나는 모질고 또 모진 주인이었다. 물만 주고 할 일을 다 했다고 생각했던가 보다. 미안한 마음이 들었다. 서둘러 창고로 가서 마사토를 가져왔다. 제라늄 가지 밑에 마사토를 채우고 꼭꼭 눌러줬다. 가지에 잎이 돋은 모습을 상상하니 벌써부터 화분이 소담하게 느껴졌다. 제라늄 화분을 출입문 근처 햇볕이 잘 드는 곳에 두었다.

분을 갈아준 제라늄의 잎이 무성해졌다. 슬며시 다가가 이파리를 흔들어보았다. 제리늄 특유의 향내가 난다. 그동안 가지도 제법 튼실해졌다. 다른 꽃나무들과는 달리 사계절 내내 쉼 없이 꽃을 피우니 마음이 가는 게 사실이지만 나는 제라늄의 강한 생명력이 더 좋았다. 한쪽 가지가 성치 않아 쳐내도 투정이 없다. 그대로 버티면서 다음 가지에 싹을 띄우고 그만의 모양을 만들며 가지를 살찌운다. 가끔 옆집 할머니가 탐을 내어 제 몸의 한 가지를 툭, 꺾어 드려도 성을 내는 일이 없다. 본체本體도, 나눈 가지도, 멀쩡하게 자라 각기 다른 한 그루의 건강한 제라늄이 되어 예쁜 꽃을 피운다. 어떤 환경에도 탓하지 않고 주어진 대로 묵묵히 자기 역할을 다한다.

  제라늄처럼 있는 그대로 자신을 보여준 적이 있었던가. 자존심을 앞세워 약한 모습은 아예 내게 존재조차 하지 않는 양 살아왔다. 떡잎을 떼어줄 겸, 가까이 다가갔다. 기다란 줄기 끝에 한 타래의 꽃집을 물었다. 살짝 건드려보았다. 나의 인사에 제라늄이 기지개를 켜는 듯 반응했다. 꽃 타래를 유심히 살펴보았다. 네댓 송이의 꽃망울이 타래로 잡혀 있었다. 얼마 안 있어 일제히 꽃을 피울 것이다. 어떤 색의 꽃을 피울지 새삼 궁금해졌다. 분홍, 아니면 빨강이거나 하양이겠지만 이번 꽃은 전혀 다른 색으로 나왔으면 싶다. 곧 첫 번째 꽃대를 시작으로 경쟁하듯 피어날 꽃을 떠올린다. 이들의 경쟁은 서로에게 가장 큰 응원이 되어 더욱 건강한 꽃으로 피어나게 될 것이다.

제라늄의 꽃말은 '당신이 있어 행복합니다'이다. 누군가의 존재로 내가 행복해진다는 것, 나로 인해 누군가 행복할 수 있다는 것. 제라늄이 있어 행복한 나의 봄, 조만간 제라늄 꽃이 활짝 피길 기대해본다.

행복한
사람들

마음이 순수한 사람들은 작은 일로도 행복을 얻는가 보다. 몸이 온전치 못한 저 아이들이 한 다발의 꽃에서 행복을 느끼는데, 건강한 몸에 매일 꽃에 둘러싸여 살면서도 나는 왜 만족하지 못한 것일까.

하루 종일 화원은 분주했다. 봄이 무르익으면서 점점 더 바빠졌다. 꽃시장에서 골라온 갖가지 꽃들을 가게 안팎에 진열하면서 어느 부자 못지않다는 생각이 들었다.

화원을 시작한 지도 벌써 10년이 넘었다. 아무것도 모른 채 시작하여 생각지도 못한 어려움을 겪기도 했다. 무지에서 오는 실패는 언제나 사람을 무기력하게 만들었다. 그럴 때마다 자신감이 사라지는 것을 느꼈다. 하지만 화원을 오가는 손님들은 꽃과 함께 사니 얼마나 좋으냐며 부러워했다. 보이지 않는 곳의 어려움을 그들은 알까. 좋아서 하는 일이라고는 하나, 마냥 좋기만 한 것은 아니다. 다른 이들처럼 주말이면 가족과 나들이를 한다던가, 마음 편하게 취미생활을 할 수도 없다. 외출을 해도 업무와 관련된 전화를 받느라 자유롭지 못하다. 그렇지만 일상에서 오는 재미가 때론 행복이기도 하다.

며칠 전이다. 여느 때처럼 퇴근 준비를 마쳤을 때 한 중년남자와 초등학교 저학년쯤 돼 보이는 여자아이 둘이 들어왔다. 아이들은 약속이라도 한 듯이 얼굴을 붉히며 더듬더듬 말을 이어갔다. 무슨 말인지 정확하게 알아들을 수가 없었다. 인상이 좋아 보이는 남자는 장미꽃 한 다발을 살 거라며 포장을 예쁘게 해달라고 했다. 그들은 부녀지간이었다.

연년생인 듯한 두 자매는 방실거리며 오늘이 엄마 생신이라고 했다. 장애아였다. 아이들이 주고받는 대화는 매우 단순했다. 아버지는 환한 웃음을 머금은 채 그런 두 딸을 번갈아 바라보고 있었다. 꽃 냉장고에서 장미 세 단과 안개꽃을 꺼냈다. 안개꽃은 신선도가 떨어졌으니 원한다면 그냥 드리겠다고 했다. 세 사람은 일제히 손뼉을 치며 좋아했다.

"엄…마는 안개꽃…도 좋아 하…세…요."

작은 아이가 더듬더듬 말했다. 아이는 포장을 하는 나의 손놀림이 신기한지 연신 방실대며 가까이 다가왔다.

"아줌마가 꽃 포장하는 동안 너희들은 엄마한테 편지 써볼래?"

나의 말에 아이들은 고개를 끄덕였다. 분홍색 카드 두 장을 꺼내 볼펜과 함께 건넸다. 아버지는 아이들의 편지 쓰는 모습을 흐뭇하게 지켜보았다.

"집사람 만나고 처음으로 선물하는 꽃입니다. 가격은 아무래도 좋으니 예쁘게만 만들어 주세요."

점잖은 목소리가 왠지 좋은 사람 같아 보였다.

빨간 장미를 아이들 얼굴처럼 동그랗게 꾸미고 가장자리를 안개꽃으로 치장했다. 일반적인 디자인이지만 귀한 손님에게만 쓰는 포장지를 사용하여 한결 격이 있어 보이는 꽃다발을 완성했다. 아버지와 아이들도 마음에 든다고 했다. 아이들이 쓴 편지를 리본으로 장식해 다발에 꽂았다. 아이들은 완성된 꽃다발을 받아들며 또 손뼉을 쳤다. 뭐라고 썼는지 궁금하다고 말하니 얼굴을 붉히며 비밀이라고 했다.

"그런데…요. 엄…마…한테 사랑한다고 썼…어요."

비밀이라고 말했던 큰아이가 수줍게 웃었다.

그들이 떠나간 출입문을 한동안 바라보았다. 가로등 불빛에 주차장으로 향하는 그들의 움직임이 선명하게 보였다. 아이들은 여전히 재잘댔고 아버지는 그들이 안전하게 차에 오를 수 있도록 돕고 있었다. 그들의 모습에 하루 종일 쌓였던 피로가 한순간에 사라지는 듯했다.

마음이 순수한 사람들은 작은 일로도 행복을 얻는가 보다. 꽃 장사 10년 만에 꽃다발 하나 만들며 얻은 깨달음이다. 몸이 온전치 못한 저 아이들이 한 다발의 꽃에서 행복을 느끼는데, 건강한 몸에 매일 꽃에 둘러싸여 살면서도 나는 왜 만족하지 못한 것일까.

부리나케 가게 밖으로 나갔다. 혹시 그들의 행복한 모습을 한 번이라도 더 볼 수 있으려나. 그들이 탄 차가 저 멀리 후미등을 깜박이며 건물 모퉁이를 돌아가고 있었다.

향기 없는 질투

마음에 드는 꽃을 욕심낸다고 온전히 내 것이 될 수는 없다. 어쩌면 있는 자리에 놓고 보는 이유도 그 때문이 아닌가 한다.

출근길에 야생화 농장을 하는 둘째언니한테서 시클라멘을 얻어왔다. 언니는 출하시기를 놓쳐 제 가격을 받기가 어렵다며 여섯 개들이 한 판을 그냥 가져가라며 내 차에 실어주었다. 그렇잖아도 겨울에는 꽃핀 식물이 드물어 화원 안이 썰렁했는데 잘 되었다 싶었다. 자동차 안이 금방 싱그러워지는 느낌이었다.

시클라멘은 겨울부터 다음 해 여름까지 쉬지 않고 꽃을 피워 집안에 들여놓고 관상하기에 좋은 다년생 식물이다. 우리나라에는 1910년대에 들어왔고 그때부터 꾸준히 사랑받는 꽃이지만 관리 요령을 몰라 꽃피는 시기가 지나면 다음 꽃을 못 보고 보내는 경우가 많다. 감자 모양의 덩이에서 식물체가 자라 흙 위로는 이파리와 꽃이 기다란 줄기를 통해 나란히 뻗어 나온다. 보통 예닐곱 개의 줄기에 한 송이씩 매달려 활짝 핀 시클라멘 꽃은 꽃의 방향이 바닥을 향하고 있어 모양을 관찰하기가 쉽지 않다. 부끄러운 것일까, '수줍음'이란 꽃말은 그렇게 탄생되었는지도 모를 일이다. 또 다른 꽃말은 '질투'이다. 나는 시클라멘을 보면서 '수줍음'이나 '질투'를 연상하기에는 다소 억지가 있다는 생각이 들었다. 그 꽃이 주는 이미지가 강렬하기 때문이다. 흰 색과 분홍, 짙은 빨강, 붉은 자주색의 꽃을 피우는 시클라멘은 그 줄기가 통통

하고 이파리마저 얼룩덜룩하여 수줍음과는 거리가 있어 보인다. 오히려 심장 모양의 이파리 사이로 힘차게 뻗은 줄기에서 꽃을 피우는 것이 자신감에 가득 찬 젊은이의 기상을 떠올리게 한다.

　화원에 오는 손님들은 꽃을 사가며 간혹 꽃말을 물어와 나를 적잖이 당황하게 한다. 꽃말을 일일이 기억하지 못하는 나는 꽃에 별명을 붙인것이 마뜩찮다는 이유를 대며 관심을 두지 않았다. 꽃말을 물어오면 마지못해 그 꽃을 보며 느껴지는 이미지가 무엇인지 손님께 되물으면서 즉석에서 어울리는 꽃말을 만들어 보기도 한다. 다행히 손님은 새롭게 탄생한 꽃말에 만족해하지만 애초에 꽃말을 만든 이가 나의 이런 예의 없는 행동을 보게 된다면 뭐라고 할까. 하지만 시클라멘의 전설을 읽다보면 나도 그 꽃말의 의미와 함께 꽃의 모양이 뜻하는 바를 알 것도 같다.

　오래 전 하늘나라의 여신과 양치기 청년이 사랑을 하였다. 청년은 여신의 사랑을 독차지했지만 곧 여신에게 싫증을 느꼈다. 양들에게 먹일 풀이 모자라 이곳저곳을 찾아다니느라 만나러 올 시간이 없었노라 둘러대지만 그의 거짓말은 금세 탄로 나고 만다. 가까이에 사는 다른 여신에게 마음을 온통 주고 있었던 것이다. 여신은 양치기의 배신에 가슴앓이를 하며 시름시름 야위어갔다. 보다 못한 친구들이 슬픔을 잊기 위한 방법이라며 여신에게 입고 있던 옷을 벗어버리기를 권했다. 떠나버린 사랑을 지우기 위해 여신이 그와 함께했던 기억을 지워버리듯 입고 있던 옷을 벗어버리자 거짓말처럼 마음이 편안해졌고, 그 옷이 땅에 떨어지며 사라진 자리에 시클라멘 한 송이가 피어났다는 이야기이다.

시클라멘 한 분을 판에서 꺼내 작업대 위에 올려놓았다. 화분 가득한 꽃과 이파리 사이로 핑크빛 물을 들인 여러 개의 어린 꽃송이가 뾰족하게 말려 올라오는 중이었다.

아픔이 없는 과정이란 없는 것 같다. 다만 그것을 견디는 것일 뿐이다. 꽃이 시들면 생이 끝난 것 같지만 그때서야 시작하려 기지개를 켜는 꽃들도 있다. 그런가 하면 한창 피어날 것 같은 꽃이 하룻밤 사이 아무도 모르게 사그라지기도 한다. 모든 것은 동전의 양면과 같아서 앞면을 볼 때 뒷면의 표정이 어떤지는 읽을 수가 없다. 내가 어느 쪽을 보느냐에 따라 행과 불행이 결정지어진

다. 마음에 드는 꽃이라도 거리를 유지하는 게 좋을 것이다. 욕심 낸다고 온전히 내 것이 될 수는 없기 때문이다. 어쩌면 있는 자리에 놓고 보는 이유도 그 때문이 아닌가 한다. 무거울 땐 벗어버려도 좋다. 떠나간 것에 연연하다 코앞의 행운을 놓쳐버리는 것처럼 안타까운 일은 없기 때문이다.

  햇빛이 잘 드는 통유리 쪽 진열장에 시클라멘을 옮겨놓았다. 빨강과 진달래색, 다홍빛깔의 시클라멘이 꼿꼿한 꽃대를 밀어올려 이파리 위에 봉긋이 올라섰다. 양치기의 배신한 사랑을 알고 그 미련을 벗어버린 후 홀가분해진 여신처럼, 시클라멘은 내려놓는 법을 알기에 뜨거운 한여름 혹여 휴면기를 보내게 되더라도 다음 꽃을 포기하지는 않을 것이다. 수그린 꽃잎 안에 씨앗주머니를 숨긴 채 때를 기다리는 시클라멘이 크게 느껴진다. 햇살을 받은 꽃잎이 더욱 화사하다.

인문지혜총서 100선
020
꽃을 품다

지은이_ 한복용
그린이_ 정은숙
펴낸이_ 서정환
펴낸곳_ 인간과문학사
디자인_ 푸른영토

1판 1쇄_ 2019년 07월 03일
1판 2쇄_ 2020년 01월 23일
출판등록번호_ 제300-2013-10호
주소_ 서울 종로구 삼일대로32길36 305호(익선동, 운현신화타워빌딩)
전화_ 02)3675-3885, 063)275-4000
E-mail_ human3885@naver.com, inmun2013@hanmail.net

ISBN 979-11-6084-100-8 (04810)
ISBN 979-11-85512-04-4 (세트)

ⓒ 한복용 2019 ⓒ 정은숙 2019

이 도서의 국립중앙도서관 출판예정도서목록(CIP)은 시지정보유통지원시스템 홈페이지
(http://seoji.nl.go.kr)와 국가자료종합목록 구축시스템(http://kolis-net.nl.go.kr)에서
이용하실 수 있습니다. (CIP제어번호 : CIP2019022728)

이 책의 글과 그림에 관한 저작권은 저자와 출판사에 있습니다.
저자 허락과 출판사 동의 없이 내용의 일부를 인용, 발췌를 금합니다.